JN123253

生きることがへっちゃらになるスピリチュアル

生きづらさを感じている方へ

ははごころ治療院ヒーリング日記

大城裕子の自己紹介・軌跡

スピ目線で生きるエクササイズ

生きることがへっちゃらになるスピリチュアル

はほごころ治療院院長
大城 裕子

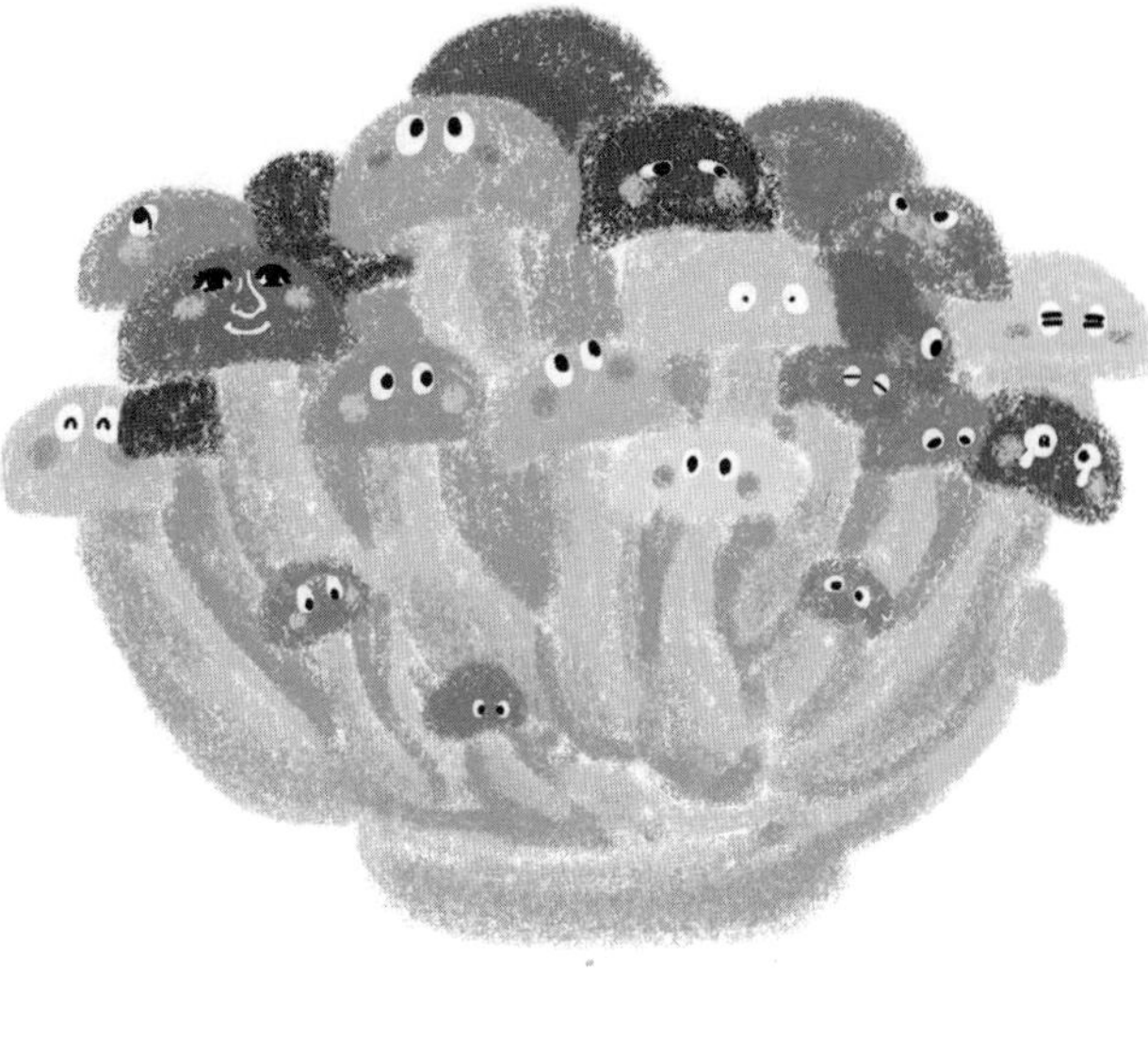

知道出版

はじめに

「現代は、生きづらいと感じている人が増えている」

「人々が『スピリチュアルな世界』に救いを求めている」

そんな苦悩の多いこの時代に、私の経験が皆さんのお役に立てるかもしれないと思い、本にしました。

まだ私が、日々多くの悩みを抱えていたころ、沖縄の水族館でイルカのショーを観ました。

その日は、暖かな気持ちの良い陽気でした。

観客の人たちがうれしそうに拍手したり、笑ったり……。

その観客の後ろにいる過去生の人たちや守護している存在たちも、一緒に拍手したり、笑ったり、感涙したりしていました。

「こんな時代がくるなんて。こんな幸せな時代がくるなんて」


このイルカショーで見た、たくさんの幸せそうな顔。

この一瞬の幸せをつくるため、魂たちは何度も何度も転生してきたのです。

戦争のない、平和な、衣食住に困らない、自由に生きることを楽しめる、そんな時代がつくられることを、魂たちは願ってきました。

そして、今の日本では「幸せを感じて生きる」条件がほぼそろいました。


みんな、頑張ったよね。

あとは「幸せを感じる力」、本質の自分を感じる力を取り戻せば良いだけ。

そのためにぜひこの本をご活用ください。

きっと生きることがへっちゃらになります。

そして、幸せを感じて生きられるようになったあなたの波動が、世界中に広がり影響します。

すべての存在は、根底でつながりあっているから。

きのこのしめじみたいに、石づきでつながっていることをイメージしてみましょう。(カバーの絵を見てね)

世界中に「幸せを感じて生きる条件」が実現するかもしれません。一人が変われば世界は変わる!

私はそれを信じ、願っています。

本を通じて、皆さんと交流できることを嬉しく思います。

ありがとうございます。

著者

生きることがへっちゃらになるスピリチュアル

パート2

ははごころ治療院ヒーリング日記

パート3 大城裕子の自己紹介・軌跡

パート4

スピ目線で生きるエクササイズ

パート

1

生きづらさを感じている方へ

ボクは生きていて良いのですか？

ひろちゃん

「スピリチュアル感覚を持つ」と
生きてて、すごーく
楽しくなりますよ」

「ボクは生きていて良いのですか？」

最初のご相談者さんは、30代男性のMさん。
結構イケメンです。

ボクは生きていて良いのですか？
……はい！
生きていてくれると
とっても嬉しいです
人生を楽しみましょう！
相談者
Mさん

「……はい！　生きていてくれると、とても嬉しいです。
人生を楽しみましょう！」

ご紹介者さんによると、
「会社では良い仕事をして主任に昇格した。
人当たりも良く、何も問題なさそうなのに、
人生に夢や希望を持てていないのが心配です」
ということでした。

「私たちはみんな〝エネルギー体〟です。
今は『人間をする』というアトラクションを楽しんでいる、
という目線を持ってみませんか？」

「それ、そうかも、と思っていたんです！」

今は
「人間をする」という
アトラクションを
楽しんでいるんですよ♪
そうかも、と
思っていたんです！

世の中にたくさんのテレビ局があるように、この世界にもたくさんの周波数があります。

Mさんは「自分には価値がない」という周波数の世界に入りこんで、はまっていました。なので、その世界から出る方法をお伝えしました。

とってもシンプルなので誰にでもすぐにできます！

（周波数の例）

1. 気楽な周波数の人
2. 怒っている周波数の人
3. 無価値感にさいなまれる周波数の人
4. 愚痴っぽい周波数の人
5. 自信たっぷりな周波数の人

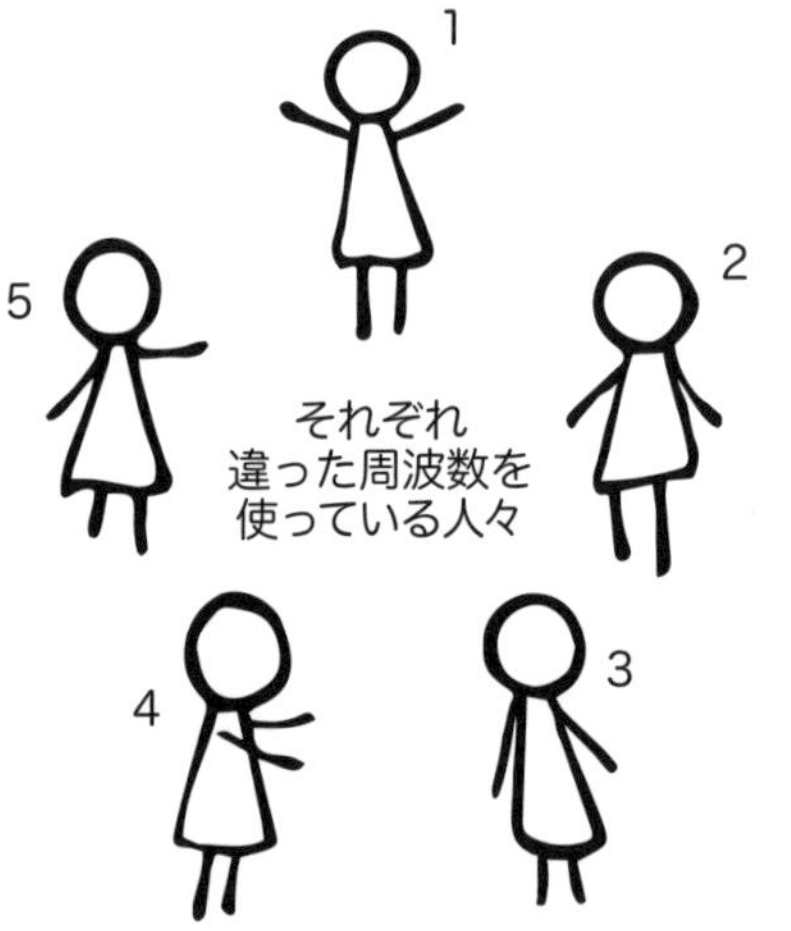

「たとえばこの5人が同じところにいても
それぞれ違う周波数を使うので、
同じ雰囲気ではないですよね」

同じ場所にいても、それぞれ違うテレビ局の番組に出演していると思ってください。

みんなは真面目にその役を演じています。そのテレビ局だけが本当の世界だと思いこんで、つらくても、つまらなくても、一生懸命に演じています。

そのテレビ局のスタッフたちはエネルギー体ですが、皆さんが本気で演じるサポートをしてくれています。

何の価値もない自分……
うれしくも楽しくもないし、
無難に生きるだけ……
ただ生きてるから、
大人らしく
働いてるけどさぁ
もっと
むなしい感じで！
よっ！
名俳優！

Mさんも、Mさんが所属する「無価値感にさいなまれるテレビ局」に出演しているのです。

エネルギーの世界では、本当にこのようなことが起こっています。

そして、簡単に所属するテレビ局を変えることもできます。

望む現実をつくるためには3つの要素を使います。

その3つとは、「**意思**」、「**イメージ**」、「**体の感覚を味わう**」です。

この3つの要素についてこれからご紹介しますが、簡単にできますので、ぜひやってみてください。

- 意思
- イメージ
- 体の感覚を味わう

ボクは価値がある……
みんなから
祝福されている……
花束を受け取って……
ハグをしてもらう……

「『ボクは価値がある』と信じる」
→意思

「みんなから〝キミは素晴らしく価値があるよ〟と、祝福されていることを想像する」
→イメージ

「みんなに囲まれ、祝福され、花束を受け取り、ハグされる感覚」
「花束を手に持った感触、人とハグしたときの感触」
→体の感覚を味わう

これまでの人生で経験した、体の感覚を思い出して使います。
思い出せないときは、自分の体に両手を巻き付けて感じてみてください。

この「望む現実をつくる」練習をすることで、それまでの所属テレビ局と周波数が合わなくなります。そうなると、いよいよそこから出るときです！

先ほどの3つの要素を十分に使いながら、全身でイメージしましょう。

【無価値感にさいなまれるテレビ局】

←テレビ局のドアノブを回す手の感触

←ドアが「キー」と音を立てて開き、外に出るイメージ

←ドアが「パタン」と閉まる音や振動

←外の世界に出て、歩いて行く足の動きや感覚、気持ちの良い空気を味わう

それまでいたテレビ局のドアを開けて、外に出て歩いて行くと、ニュートラルフロアに着きます。
大きなフロアにいるイメージをしましょう。

周りには、ほかの無数のテレビ局のドアがあります。
このまま〝ニュートラルフロア〟で休憩しましょう。
あなたの足でしっかりとフロアの床を踏みしめます。
〝ニュートラルフロア〟は、本質の感覚が味わえる、こだわりのない世界なのです。

「あなたはもともと祝福され、認められています。
だからあなたは存在しているのです」
「あなたは光の粒子であり宇宙そのものでもあります。
すべてから愛されています」

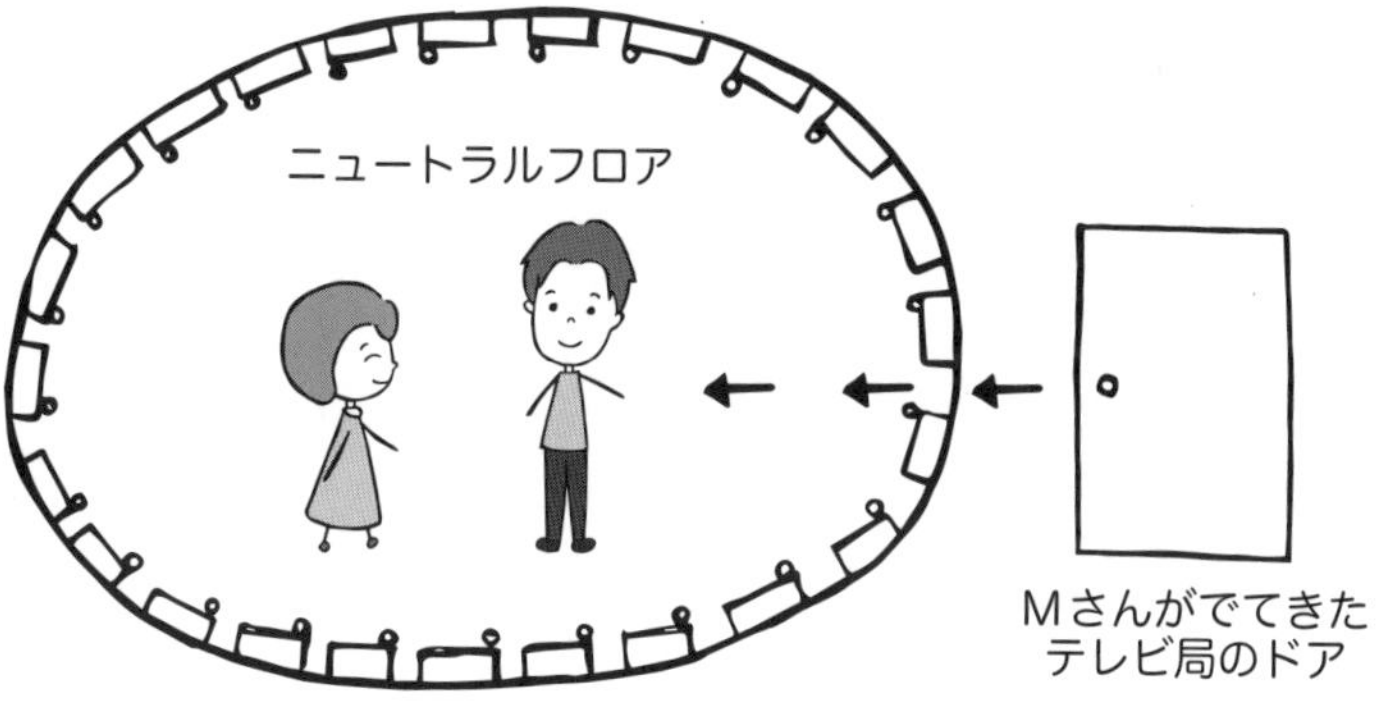

もといたテレビ局と自分とが繋がっていたエネルギーコードは、ハサミで切ってしまいましょう。あなたの気分は、よりスッキリします。

＊注意！　慣性の法則によって、またもとのところへ戻ってしまう場合があります！

★慣性の法則って？

慣性の法則とは「それまでの状態を維持し続けようとする性質」が働くこと。

皆さんが「変わりたい」と願っても、慣性の法則によって今までの自分から変わることができない場合があります。

人間の肉体は一定の体温や血圧などを維持する機能（ホメオスタシス）があり、保守的です。

周波数も同様で、今までと同じほうが安全だと無意識に感じてしまい、良くも悪くも、あなたの使う周波数が変わることを拒むことがあります。

さあ、今まで繋がっていたエネルギーコードを「チョッキン！」と切ってください。

イメージはハサミなど刃物を使うように。日常でヒモなどを切った、あの感覚を頭や体で思い出してください。

もとの周波数に戻りそうになるたびにチョッキンと切っていくと、だんだんと卒業できます。

それでもなかなか変われないときはこんな原因もあります。

・ほんとは変わるのがメンドクサイとき

自分や周りの人に相談して決心を固めるか、変わることのメリットを書き出してみましょう。

ボクは卒業します！
チョッキン！
もといたテレビ局

・過去生の意識がこだわっているとき

私たちはおよそ250回も生まれ変わって、さまざまな人生を体験しています。なかなか変われないのは、同じような体験をしたけど変われなかった過去生の意識体があなたの潜在意識にいるのかもしれません。

手の中にその意識があることをイメージします。光の玉のようなものを持っている感覚です。

「Mさんが主役です。決定権はMさんにあります」

「大丈夫！　ボクが乗り越えるよ。安心して！」

光の玉を「よし、よし」と慰めると影響がなくなり、あなたが人生の主導権をしっかり握ることができます。

大丈夫！
ボクは乗り越える！
Ｍさんが主役！
決定権はあなた！

ここで、潜在意識について少しお話しします。
潜在意識とは、あなたが自覚していない無意識の部分のことです。

意識の領域を氷山にたとえて見てみると、海面から出ている部分はあなたが自覚できる顕在意識で、海面の下に潜っている部分が潜在意識となります。
海面から出ている顕在意識は全体のわずか1パーセントと言われていて、残りの99パーセントは潜在意識なのです。

なかなか変わることができないときは、この自覚していない、99パーセントの無意識部分が影響しているのかもしれません。

人間関係は魂の型を意識すればうまくいく

次のご相談者さんは、小学生のお子さんを持つお母さんからです。

ある日、小学生のPちゃんが学校から帰ってくると、ふさぎこんでいたそうです。その様子を見たお母さんが心配して、ヒーリングに連れてきました。

「Pちゃん、どうしたの？」

「わかんない……」

わかんない……
Pちゃん、どうしたの？
Pちゃん（小学生）

Ｐちゃんは、学校では活発でお友達も多いと担任の先生から言われているそうです。

家族関係のビジョンを見てみましたが問題はなく、家族から愛され大切にされている様子です。

そこで、学校での様子をチャネリングしてみました。

すると……

「**あそぼー♪**」

と同級生に誘われたときの、Ｐちゃんの心の声が聞こえてきました。

（この子たち、きらい……、話したくない。

私、この子たちと合わないな……）

あそぼ～！
（同級生）
この子たち、きらい……
話したくないなぁ……
この子たちと
合わないな……

どうやらPちゃんは、無理して仲が良いふりをしていたみたいです。

「お友達のこと、どう思う？」

「あの子たち合わないの。合わせてるけど……」

「それが原因で、おうちでぐったりするみたいよ」

「へーえ？　気がつかなかったけど、そうなのかなー？」

連れてきたお母さんは、

「とりあえず、私のせいじゃないのですね。ほっとしました」

と安心した様子です。

お友達のこと、どう思う？
あの子たち、合わないの
合わせてるけど……
それが原因みたいだね
へ～！
気づかなかった！

お母さんは、「自分が原因なのでは？」と罪悪感を感じていたそうです。

今の子どもたちは、幼い頃から「空気を読む」ことを大事にしないと人間関係がうまくいかないようです。

わがままを言ったり、ケンカをしたり、そういう子どもらしい関わりは大事だと思うのですが、それができない現状になっています。

Pちゃんの「魂の型」が、子どもらしさを抑えるように働いていることがわかりました。

ではここで、「魂の型」について説明していきます。

人間の「魂の型」は、おおまかに4つに分けられます。
みんなすべての要素を持っていますが、ほかの人と比べて少し多い要素があったり、混合型の人も多くいます。

【4つの魂の型】

- **パイオニア型**…前進が好きな行動派。リーダー気質。
- **ヒーロー型**……正義感が強い。強きをくじき、弱きを助ける。
- **ナース型**………世話好き。人の役に立つことが生きがい。
- **エンジェル型**…楽観的。人に優しく親切。

4つの魂の型についてそれぞれお話しします。
皆さんも、自分がどの型の要素を多く持っているか、見てみてくださいね。

パイオニア型

ヒーロー型

ナース型

エンジェル型

パイオニア型
（傾向・問題点・対策）

「大丈夫！　まかせて！」と強気で前進するリーダータイプ

◎**傾向**

・困難に立ち向かうとワクワクする
・自己肯定感が強い
・自由で希望に満ちている
・根が明るく元気
・実力があり、周囲から認められている

◎問題点

・自分に疑問が持てない
・トラブルが起きると自分以外に原因の人を決め、責めることで解決した気になる
・強引に前進した結果、孤立する
・周囲の人たちを疲れさせる

◎対策

・人の気持ちに寄り添い、同じ速度で進む
・自分に疑問を持つ
・現実をしっかりみる（意識を「今」におく）

ヒーロー型

（傾向・問題点・対策）

正義感が強い

強きをくじき、弱きを助ける

◎**傾向**

・責任感が強い任務遂行型
・勇気があり人を守る
・言動がキビキビしている
・安定感がある
・「自分」をしっかり持っている

◎問題点

・批判や反感を持ち、被害者意識になる
・正論で人を傷つける
・裁くので怖がられる、責められる
・人間関係を壊しやすい

◎対策

・「〜でなくても良いのかもしれない」と千歩譲って許してみる
・自分の改善点を探して、変わってみる
・とりあえず笑顔で過ごす

ナース型
（傾向・問題点・対策）

世話好き
人の役に立つことが生きがい

◎**傾向**
・まじめで誠実
・一生懸命人に尽くす
・人を愛し大切にする
・自分よりも人を優先する
・癒し系

◎問題点

・トラブルがあると「自分が悪いんだ」と罪悪感を持つことでホッとする
・あきらめて逃げやすい
・怖がり
・人に軽くみられる

◎対策

・「自分の光を外にだそう！」と光っているイメージをする
・「大丈夫、できるよ」と自分を励ます
・「ほめ日記」をつける

エンジェル型

（傾向・問題点・対策）

楽観的

人に優しく親切

◎傾向

・いわゆる「良い人」

・欲がなく、満足している

・許容範囲が広い

・いつもニコニコしている

・人を信頼している

◎問題点
・保護者になる人を決めて頼り過ぎる
・安心するとすべてが解決したと勘違いして、学習が生かされない
・「無責任」と人に言われる
・人の苦しみに気づけない

◎対策
・ミスしたことを何度も思い出して再発を防ぐ
・少し大きな目標をやり遂げてみる
・大地を踏みしめる感覚で歩く

あなたはどの型かな？

魂の型をおおまかに４つの要素で紹介しました。
血液型のような感じでとらえてください。

あなたが今「なんとなく順調♪」と感じるときは、各要素の「傾向」の部分を読んでみてください。自分がどの型なのかがわかると思います。
あなたが今「なんかうまくいかないなー」と感じるときは、「問題点」の部分を読んで原因を把握しましょう。

ご家族や、あなたをよく知る人に、自分がどの型に当てはまるか聞いてみるのもいいでしょう。あなたが気づかなかった部分を教えてくれるかもしれません。

「対策」のところを話し合ってぜひ人生を順調な路線に乗せましょう。
毎日が楽しくなりますよ♪

「私はナース型とエンジェル型のミックスだよね～？」
「ひろちゃんは、う～ん、めったにいない『ありえない型』かな？　ちょっと変わってる！」

ひろちゃんは、
「ありえない型」かな
ちょっと変わってる……
私は、
ナース型とエンジェル型の
ミックスかな～

どの型かわからないとき

魂の型は、何度生まれ変わっても変わることはありません。

・経験を積んで、すべての要素を使い分けているとき
・地球に来る前の、ほかの星での波動で生きているとき
・家族で育った環境の影響で、自然体で生きられないとき

などは、自分がどの型かわかりにくいかもしれません。

4つの型を意識していると、人への対応が楽になります。
人間関係を円滑にするための参考になさってください。

「エッヘン！（パイオニア型）」

「やーね！　あの人威張ってマウントとってくる！」

「まあ、パイオニア型だから大目に見てあげよう」

「リーダーとしては頼りになるしね……」

「そうだね、まあ、いいか」

エッヘン！
やーね！　あの人！
威張ってる！
リーダーとしては
頼れるしね～
あの人、
パイオニア型だから…

コラム

本の原稿をチェックしてくれている友人から、

「心は天気のように移り変わるから、『空気を読む』『皆に合わせる』じゃなく、それぞれの違いを受け入れる大事さが広がるといいね」

と言われました。

「統計的に100人のうち5～8人は空気を読まない（読めない）し、差別やいじめのない世の中になりますように」

とも友人は言っていました。

もともとの「魂の型」＋地上で生きる条件（環境、人種、肉体の問題など）で、どんな人生になるか、ある程度はわかったうえで魂は生まれます。

生まれてきてやりたいことや経験したいことなど、その願いを叶えるためにも、魂の型の違いをお互いに認め、祝福しあえますように。

チャクラはツボの親玉です

「手の母指球をもみもみすると胃が楽になったり、頭のてっぺんを押すとシャキッ！　としたり……。『ツボ』と言われるものを活用したことありませんか？」

鳴門《なると》海峡の渦潮《うずしお》をご存じですか？

徳島県鳴門市と兵庫県南あわじ市の間にある潮流の「うず」のことで、春や秋の大潮時には、直径20～30メートルにもなる、世界最大の渦潮なんです！

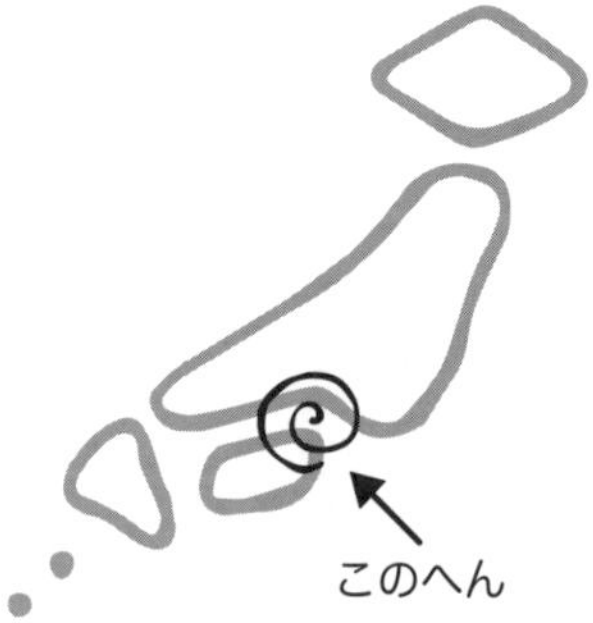

体にあるツボも、この鳴門海峡の渦潮のようにエネルギーが渦巻いているスポットのことを言います。

全身には約2000個ものツボがあります。大・中・小のうずがあり、チャクラは大きなうず、大きなツボのことを指します。

そして、その中でもとくに大きいツボの親玉を「チャクラ」と言います。

チャクラは全部で7個あります。2000個のツボの親玉、つまり7つの支部長の役割をしています。

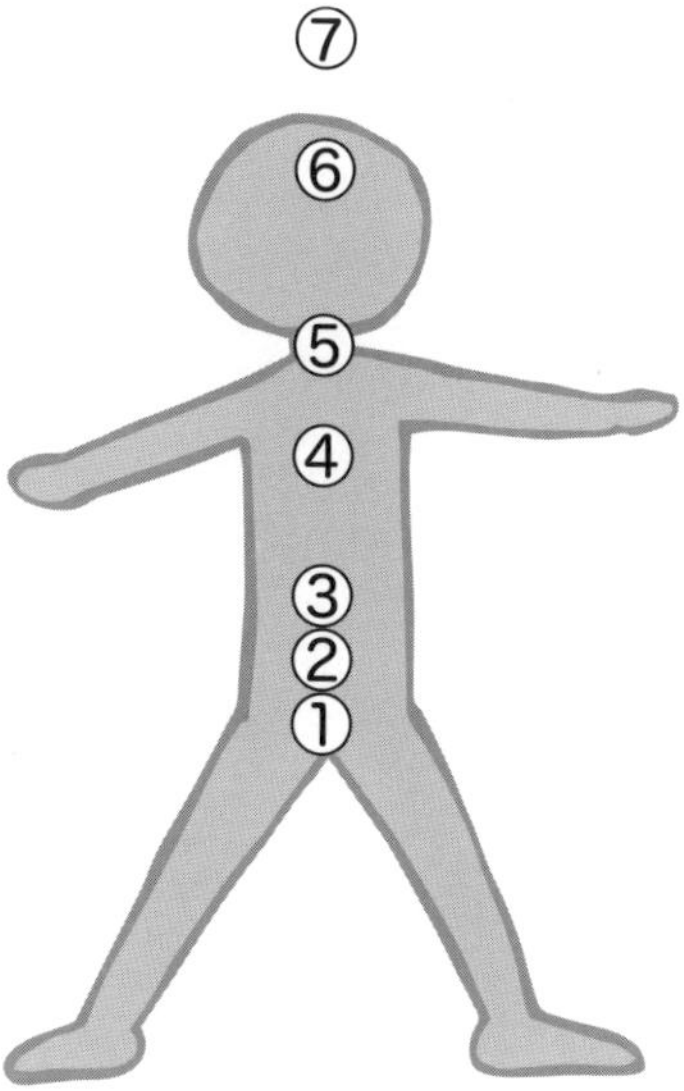

支部長であるチャクラを活性化すると……

支部長である7つのチャクラがパワーアップすると、部員であるツボたちもパワーアップします。

どのようにパワーアップするかというと、

・そのツボに関係ある、あなたの心身の機能が元気になります。

・ツボとツボをつなぐ生命エネルギーの通り道が広がり、呼吸するたびにパワーが満たされて循環します。

・体に溜まった古い不要なエネルギー（疲れやストレスなど）が体の外に押し出されて、それらを空や大地が浄化してくれます。

←

イキイキした輝く、魅力的なあなたになります。

もともと、あなたがイキイキしているときは、チャクラも開いた状態で大きくグルグルと渦巻いています。

反対に、あなたがしょんぼりしているときは、チャクラも小さく弱く渦巻いています。

楽しい！
チャクラも
グルグル〜
しょんぼり……
チャクラも
しょんぼり

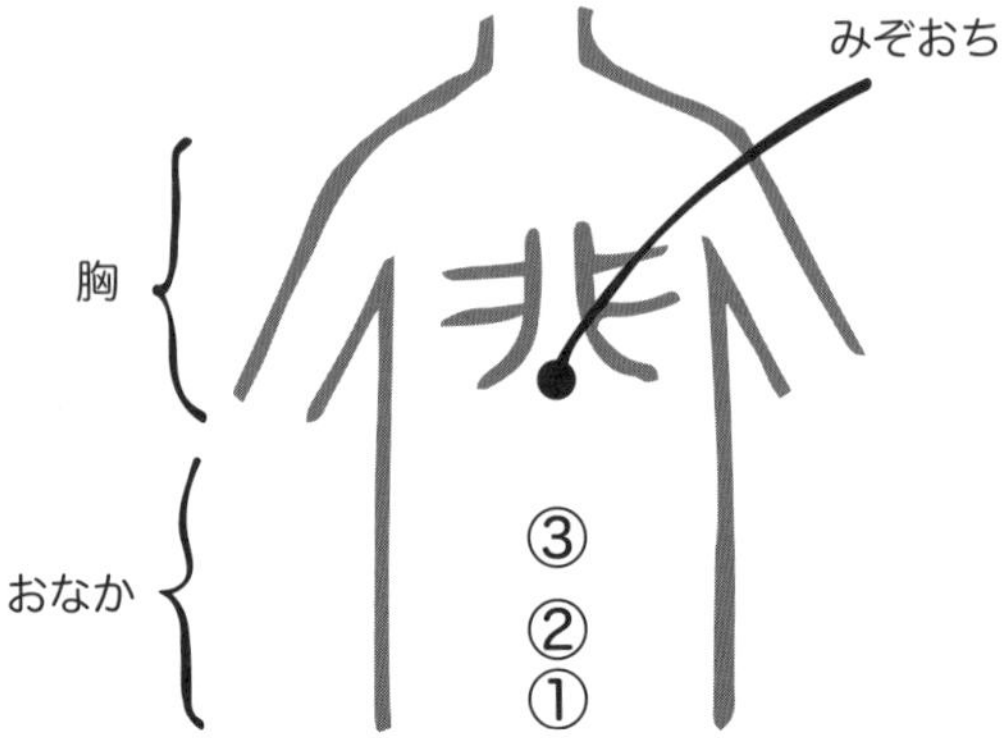

おなかのチャクラを開こう

まずは、おなかのチャクラを活性化させる方法をお話ししていきます。上の絵のように、おなかの周辺には3つのチャクラがあります。

①底力《そこぢから》のチャクラ（ムーラダーラ）
②生命力のチャクラ（スワーディシュターナ）
③内臓や自律神経のチャクラ（マニプーラ）

この3つのチャクラを、ぜひ意識しながらおこなってみてください。

【1】呼吸で活性化しましょう

おなかの下のほうに風船があるとイメージします。
ゆったりと息を吸って風船を膨らませましょう。
←
吸ったエネルギーが３つのチャクラにチャージされます。
←
ふーっと息を吐きながら、風船が縮むのを心の目で眺めましょう。
←
３つのチャクラのエネルギーが凝縮されパワーアップ！
何回かゆっくり気持ちよく呼吸しましょう。
おなかの中がほのかに温かくなると思います。

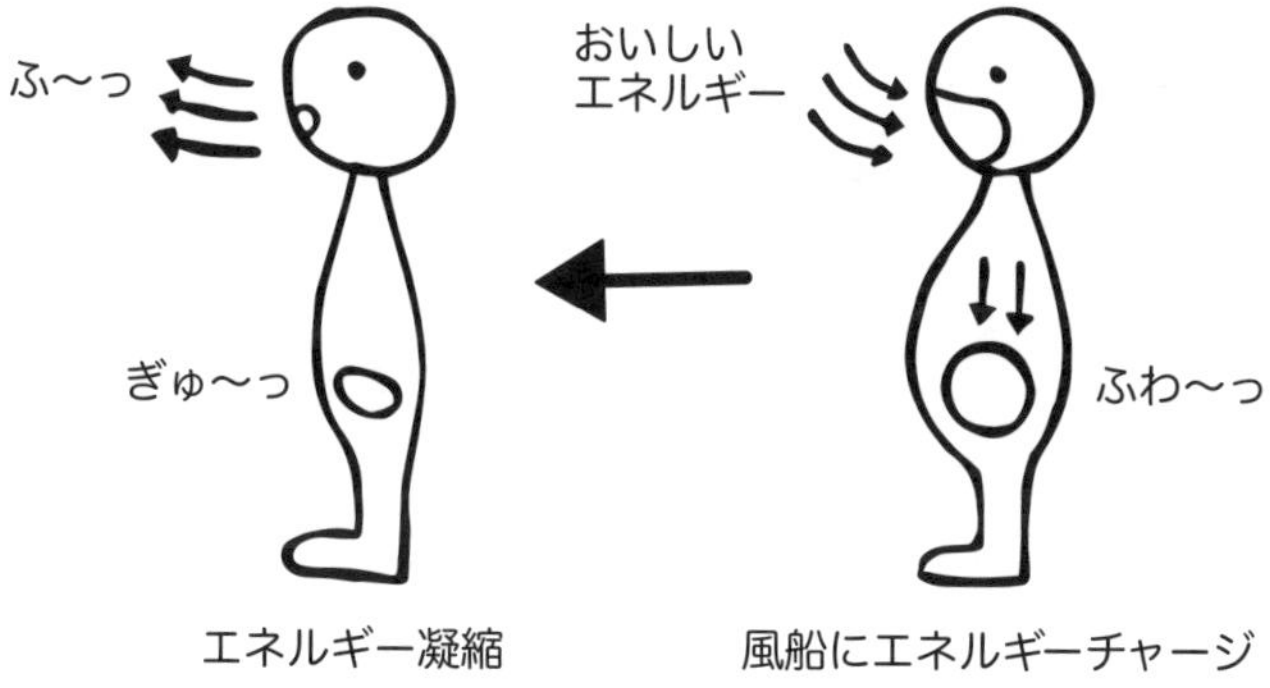
おいしい
エネルギー
ふわ〜っ
風船にエネルギーチャージ
ふ〜っ
ぎゅ〜っ
エネルギー凝縮

【2】ハミングで活性化しましょう

おなかでイメージした風船から音を出すつもりで、「ん〜♪」と音を鳴らしましょう。

←

好きな音程、好きなリズムで、おなかから声を出すことを意識しながら1分くらいハミングしましょう。(でたらめの曲でも、知っている歌のハミングでもかまいません)

←

3つのチャクラが活性化して、エネルギーのうずが大きく速く回転します。

(1分くらい、おなかでハミング)

【3】おなかのチャクラを活性化することで…

・底力のチャクラが活性化して、「ふんばるちから」が高まります。腰や足にエネルギーがめぐり、地に足がついて生き方が安定します。地球のパワーとしっかりつながることができ、あなたをサポートしてくれます。

・生命力のチャクラが活性化して、「丹田＝生命エネルギー」の貯蔵庫のパワーが高まり、自分を丸ごと愛せるようになります。「生まれてきて良かった～」という感覚があふれます。あなたの光が周囲に広がり存在感が増します。

・内臓や自律神経のチャクラが活性化して、おなかの中がふわーっと楽になり、心からリラックスできます。生まれる前お母さんのおなかの中で「これから生まれて楽しもう♪」とワクワクしていたのを思い出すかもしれません。

ハートのチャクラを開こう

恋をしているとき、ドキドキしたり、切なく感じたり、キュンとすることがあると思います。
そんなときはハートチャクラがよく活性化してる証拠です。

④ハートチャクラ（アナーハタ）

ハートチャクラは胸の奥にあります。愛のチャクラなので、活性化すると心が元気になります。

【1】呼吸で活性化しましょう

胸の奥に好きなお花のつぼみを思い浮かべます。

←

つぼみがふわ〜っと開くイメージをしながら、ゆったりと息を吸います。

←

ふ〜っと息を吐きながら咲いた心の花を眺めます。

ひと呼吸ごとにつぼみが次々と開き、ハートの中がお花畑になっていきます。

何回か呼吸していると、嬉しいような、ふふっと笑うときの感覚が胸の奥から湧き出します。安堵感も同時に湧き出てきます。

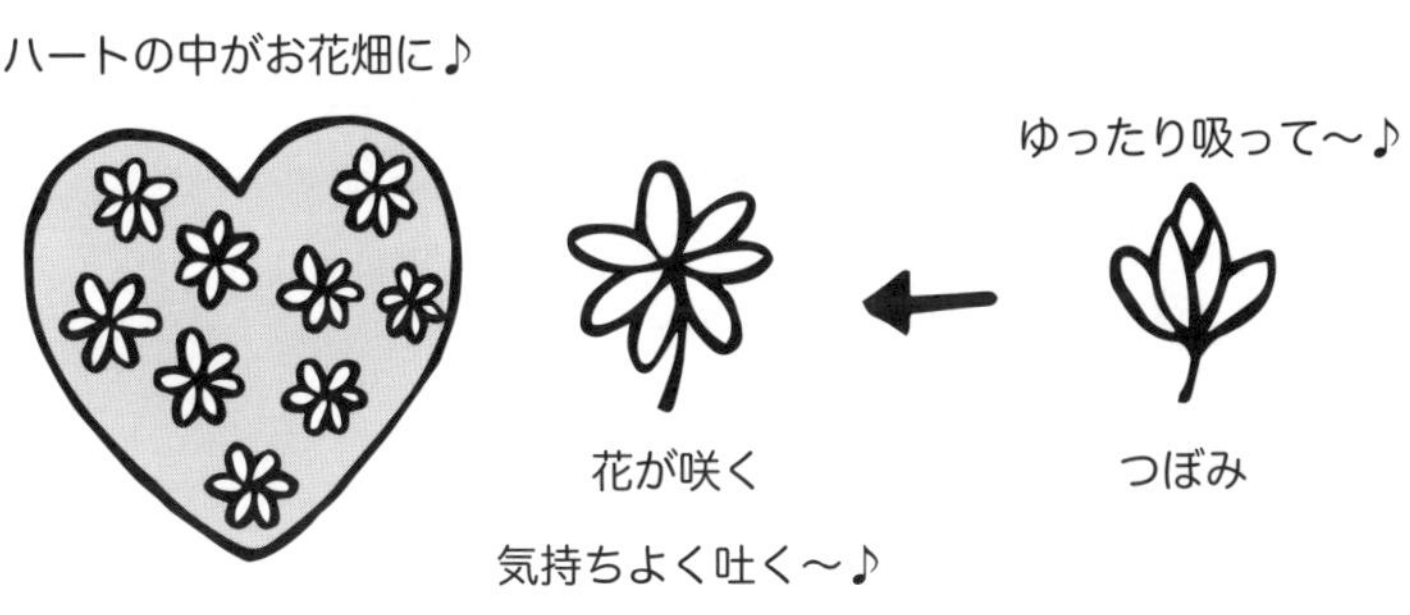
ハートの中がお花畑に♪
ゆったり吸って〜♪
花が咲く
つぼみ
気持ちよく吐く〜♪

【2】ハミングで活性化しましょう

ハートにできたお花畑から音を出すように「ん〜♪」と音を鳴らしましょう。

←

好きな音程、好きなリズムで、ハートにできたお花畑から声を出すことを意識しながら、1分くらいハミングしましょう。（でたらめの歌でも、知っている曲のハミングでもかまいません）

ハートチャクラが活性化して、エネルギーのうずが大きく速く回転します。

（1分くらい、ハートでハミング）

【3】ハートチャクラを活性化することで「心が元気」になります

ハートチャクラを活性化させてあげると、喜びを感じやすくなります。感情が開いて、人に笑いかけたくなります。

また、おなかのチャクラ（①〜③）にも響きが連動して、あなたはさらに元気になり、輝きます。

本来のあなたはこんな感じ！　歓喜に満ちています！

のどのコミュニケーションチャクラを開こう

のどにはコミュニケーション力のチャクラがあります。

⑤コミュニケーションチャクラ（ヴィシュッダ）

のどのチャクラを活性化させることで、人間関係が楽になります。人間関係を良好にしたいときにぜひやってみてください。

【1】呼吸で活性化しましょう

のどの奥に光の玉をイメージします。

↓

ゆったりと息を吸います。吸ったエネルギーで光の玉が大きく輝くことを想像してください。

↓

ふ〜っと息を吐きながら、のどの奥の光の玉を眺めます。
（エネルギーが凝縮されチャクラがパワーアップ！）

何回かゆっくり気持ちよく、のどで呼吸してみましょう。
呼吸をするたびに、光の玉の輝きが増します。
のどや首がすっきりした感覚になります。

ひと呼吸ごとに
のどにある光の玉が
輝きを増します！

【2】ハミングで活性化しましょう

のどの光の玉から音を出すイメージで、「ん〜♪」と音を鳴らしましょう。

←

好きな音程、好きなリズムで、のどの光の玉から声を出す意識をしながら、1分くらいハミングしましょう。(でたらめの曲でも、歌のハミングでもかまいません)

のどに、「トン、トン、トン、トン」とリズミカルな動きを感じられるかもしれません。

のどのチャクラが活性化して、エネルギーのうずが大きく速く回転します。

(1分くらい、のどでハミング)

【3】のどのチャクラを活性化することで「人間関係」が楽になります

のどのチャクラを活性化させることで、あなたの輝きを世界に表現する力がでます。のどのチャクラは前後左右にスピーカーのように開きます。

「私はこんな感じ。あなたは？」
「ぼくはこんな感じだよ」
「うん。それも素敵ね！」

言葉や思いのキャッチボールが楽しめるように、パワーが湧き出てきます。

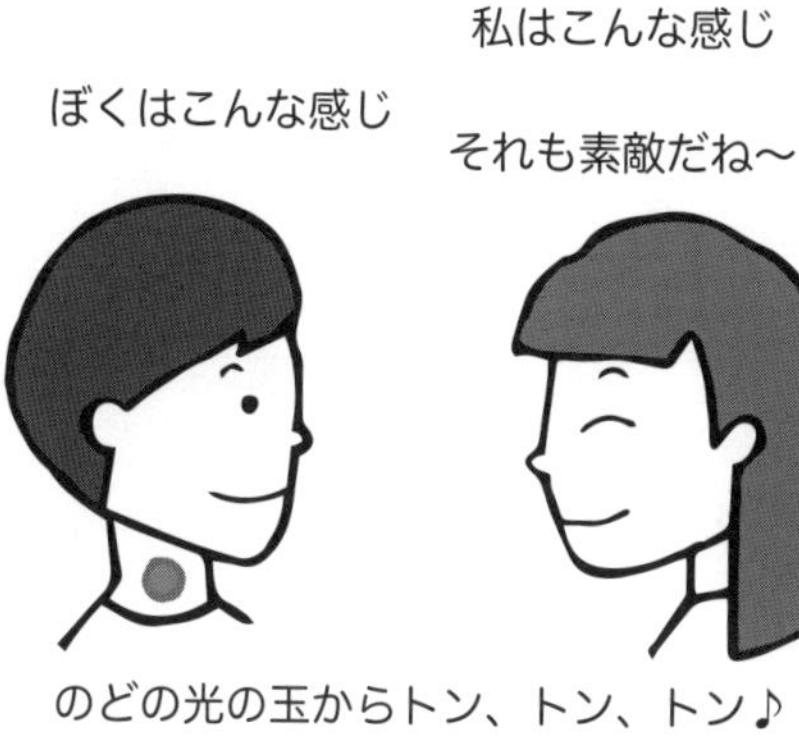
私はこんな感じ
ぼくはこんな感じ
それも素敵だね～
のどの光の玉からトン、トン、トン♪

脳のチャクラを開こう

脳のチャクラは間脳と呼ばれる脳の中心部分にあります。

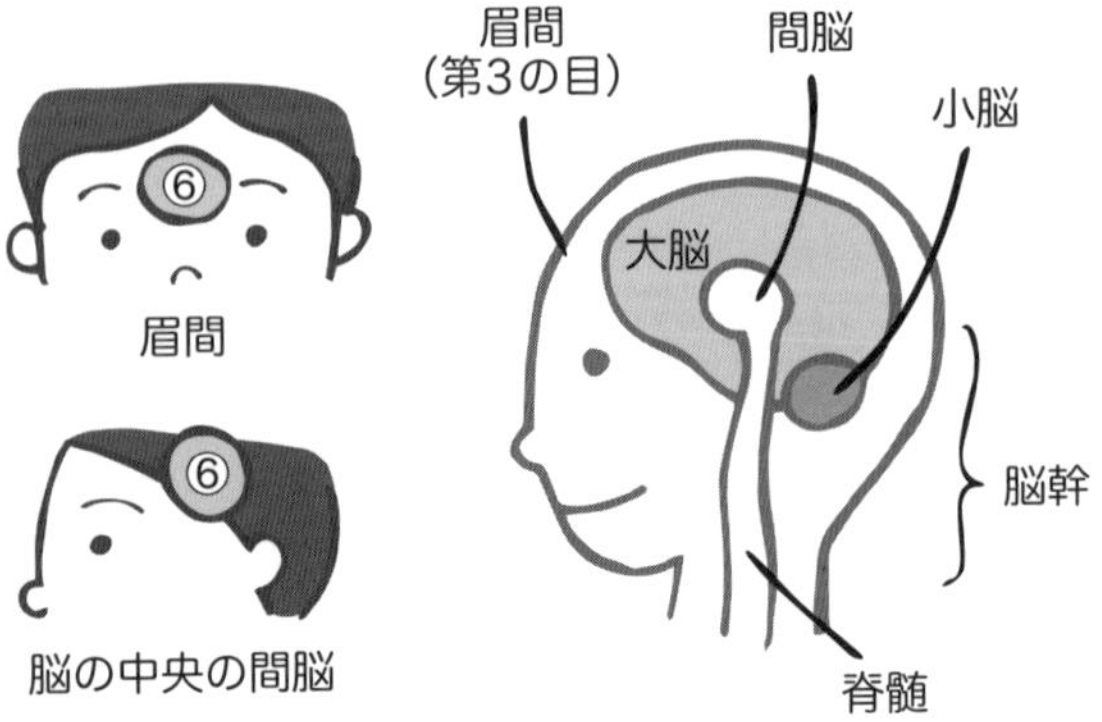
眉間
脳の中央の間脳
眉間
（第3の目）
間脳
小脳
大脳
脳幹
脊髄

⑥脳のチャクラ（アジュニャー）

脳のチャクラを活性化させることで、インスピレーションが湧きやすくなります。また、自分を見失わない、ぶれない強さが高まります。

間脳にあなたのミニチュアが座禅してるイメージをしながら活性化しましょう。

【１】呼吸で活性化しましょう

眉間から息を吸い込むイメージで、脳の中心にエネルギーを満たします。

↓

ふ〜っと息を吐きながら、間脳で座禅しているミニチュアのあなたもふ〜っと息を吐いてリラックスしているところを想像し、それを心の目で眺めましょう。

何回かゆっくり気持ちよく呼吸しましょう。

脳の中がすっきりしてクリアな感覚になります。

間脳で座禅してるあなた

【2】ハミングで活性化しましょう

脳の中心にいるミニチュアのあなたが「ん～♪」とハミングしているイメージで、眉間から音を出しましょう。

↓

さらに、好きな音程、好きなリズムで1分くらい、脳の中心からハミングして眉間から音を外に出しましょう。(でたらめの曲でも、歌のハミングでもかまいません)

脳の中心からハミングの音を出して、眉間から発信しましょう。

脳のチャクラと眉間の第3の目のチャクラが連動して活性化します。エネルギーのうずが大きく速く回転します。

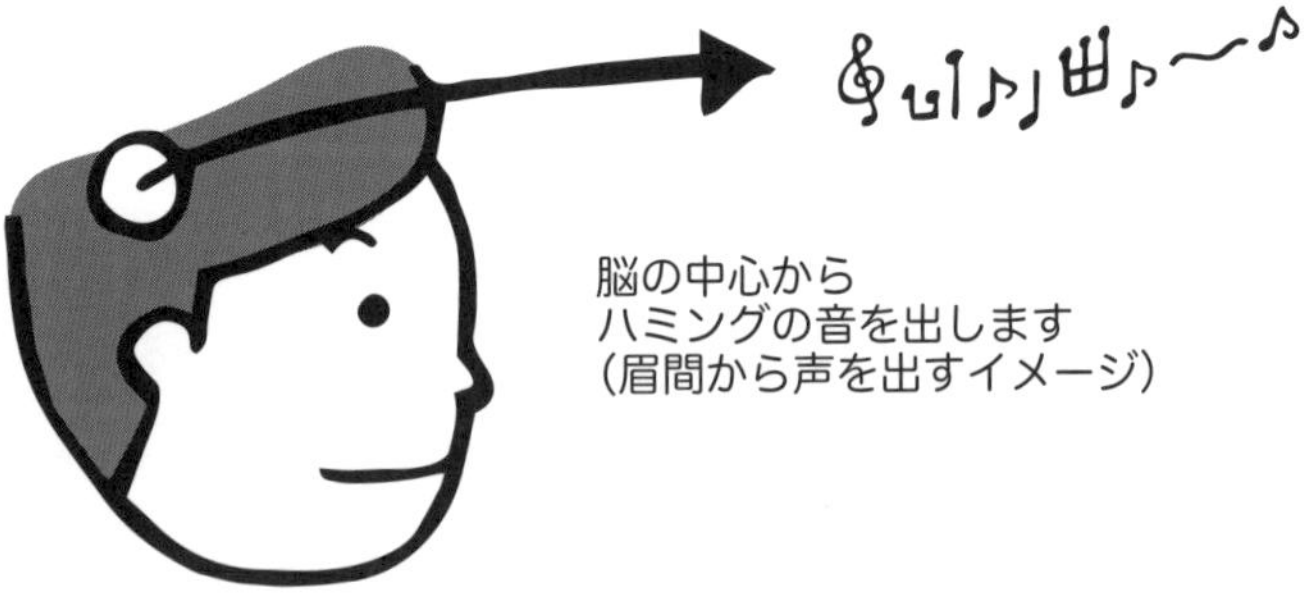

脳の中心から
ハミングの音を出します
(眉間から声を出すイメージ)

【3】脳のチャクラが活性化することで…

脳のチャクラを活性化させてあげると、頭の中の情報や思考が整理整頓されてスッキリとしてきます。自分を見失わない、ぶれない強さも高まります。

また、脳の中心からスコールのように首〜足までエネルギーが一気に流れます。このスコールは「生まれてきた願いや喜び」を思い出させてくれます。「生まれたかった！」という魂の切実な喜びが、体中の細胞に満たされていきます。願いを具体的に思い出せなくても、シュワシュワした湧き出るような感覚が広がります。

目を閉じていて暗いはずなのに、少し明るく感じたり、白くもやもやしたものが見えるかもしれません。光の存在である本当のあなたの姿を見ているのです。また、ハートチャクラと連動して、深い安堵感や、愛され、祝福されている感覚が出てきます。

宇宙チャクラを開こう

あなたは宇宙に抱かれて生きています。宇宙チャクラとは、宇宙のパワー、知恵、経験とつながるチャクラのことです。

⑦宇宙チャクラ（サハスラーラ）

思考がシンプルになり、記憶力が高まり、良いアイディアも湧きやすくなります。

「頭が冴えてるなあ」と思うときは、このチャクラが開いている証拠です。

【1】呼吸で活性化しましょう

頭の1メートル程度上に好きな星があるとイメージします。
(太陽や月、星団、銀河など)
※実際にはもっと頭の近くにあるチャクラですが、脳の情報エネルギーと混ざらないように高く意識します。

←

ゆったりと息を吸います。
頭上にイメージした星に、吸ったエネルギーが入るイメージをしましょう。

←

ふ～っと息を吐きながら、頭上の星が輝くのを心の目で眺めます。
(星のエネルギーが凝縮されチャクラがパワーアップ!)

星で呼吸をするようなイメージです。

何回かゆったりと気持ちよく星で呼吸しましょう。ひと呼吸ごとに星の輝きが増します。

頭のてっぺんがスースーした感じや、頭上に涼しい風が当たっている感じを体感できるようになります。

宇宙とつながっている感覚を感じてください。

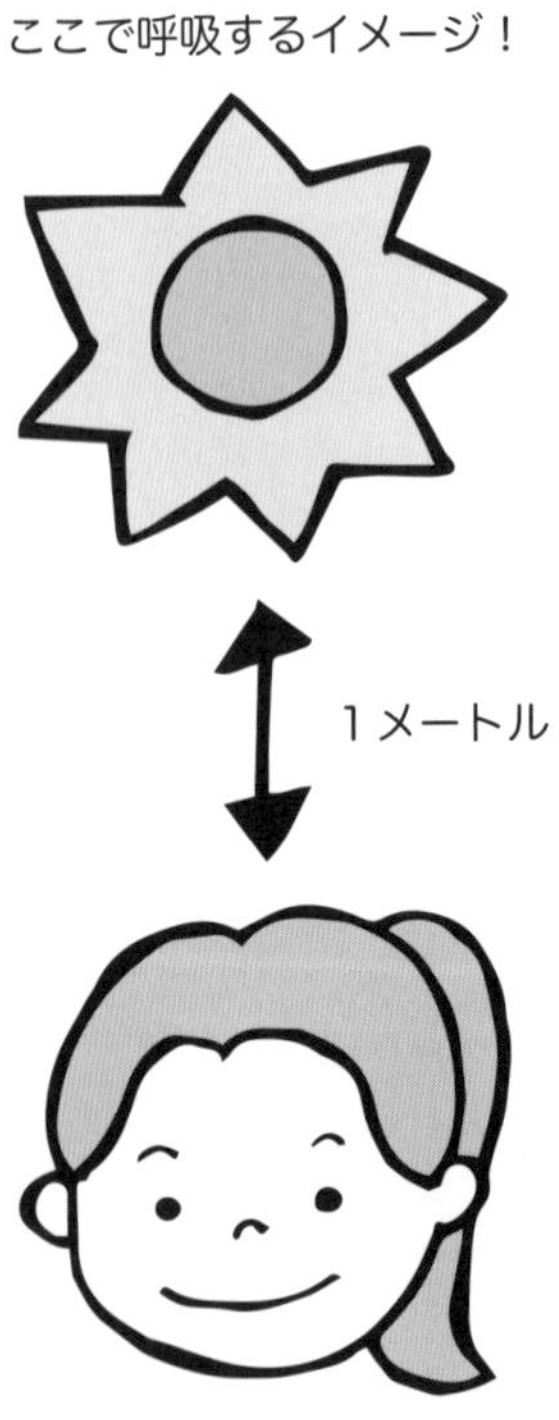

【２】ハミングで活性化しましょう

頭上の星から音を出すように「ん〜♪」と音を鳴らしましょう。

↓

好きな音程、好きなリズムで、星から音を出すように意識しながら、１分くらいハミングしましょう。（でたらめの曲でも、歌のハミングでもかまいません）

宇宙チャクラがスポットライトのようにあなた全体を照らします。

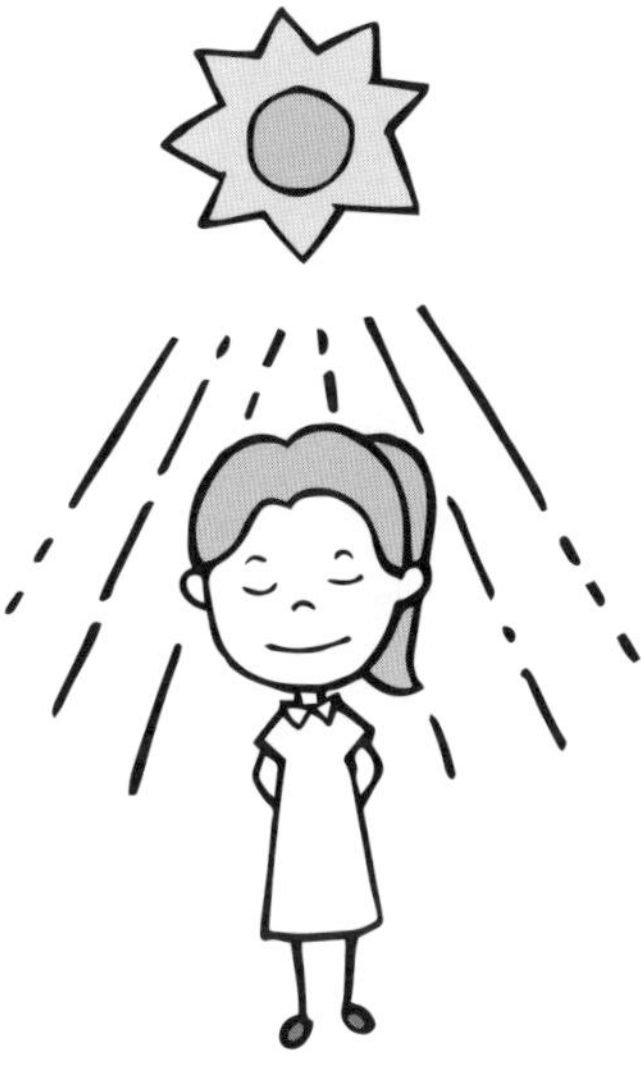

【3】宇宙チャクラを活性化することで…

・宇宙とつながり、あなたのパワーや知恵を使いやすくなります。
・宇宙チャクラがスポットライトのように、あなた全体を照らします。
・宇宙から常に祝福され、見守られ、愛されているイメージがあなたの全身に広がります。
・宇宙全体の経験や知識や知恵から、必要なインスピレーションが入ってきます。良いことがひらめいたときは宇宙チャクラが働いた証拠です。
・宇宙次元であるあなたと、人間であるあなたが共鳴して、あなたはいつでも一人ではなかったと実感することができます。

天地人チャクラを開こう

宇宙（天）、地球（地）と人間の7つのチャクラがつながることでパワーが供給されます。

★天地人チャクラ
（スーリヤチャクラ、チャンドラチャクラ）

天地人チャクラを活性化させることで、各チャクラの連帯が高まります。

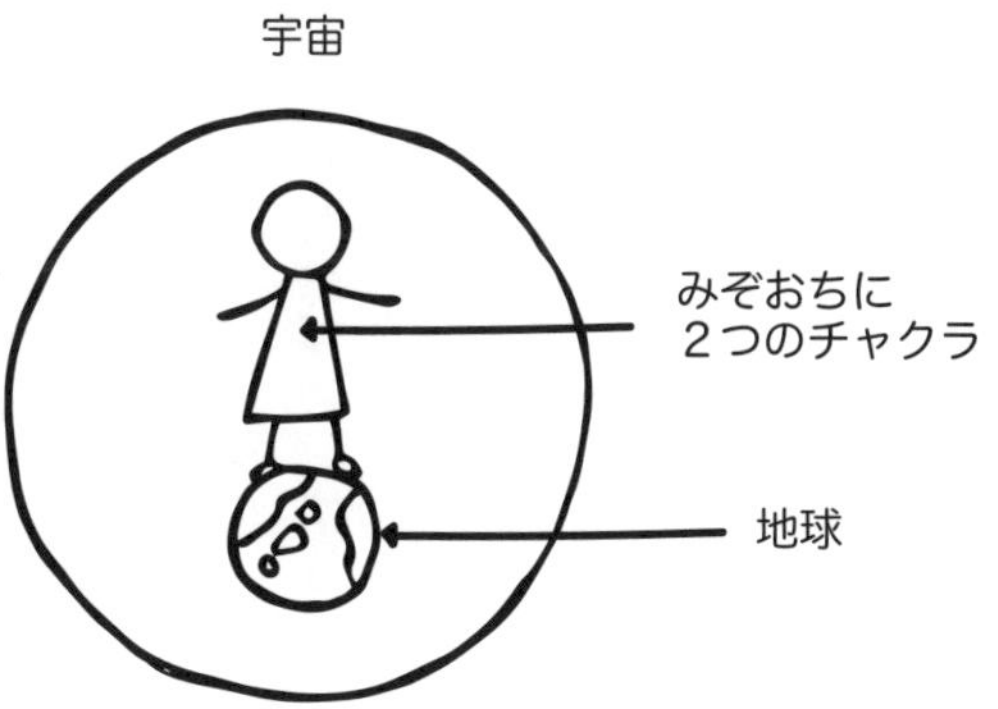

【1】呼吸で活性化しましょう

みぞおちに手をおいて、その中に好きなお花のつぼみをイメージしましょう。

みぞおちで呼吸をする感じでゆったり息を吸います。つぼみがふわ〜っと咲いて、中にあった光の玉が活動し始めるのを想像します。

↓

ふ〜っと息を吐きながら、光の玉から出た光線が7つのチャクラをつないでいくのを心の目で眺めましょう。

ひと呼吸ごとに、光線も7つのチャクラも輝きが増します。

何回かゆっくりと気持ちよく、みぞおちで呼吸しましょう。体の中全体が輝き、ぽかぽかしてきます。

この呼吸で天地人チャクラを活性化することで、各チャクラの連帯が強化されて、それぞれにパワーが供給され「天地人」が合体したエネルギー体となります。

ひと呼吸ごとに、各チャクラのチームワークが高まります。

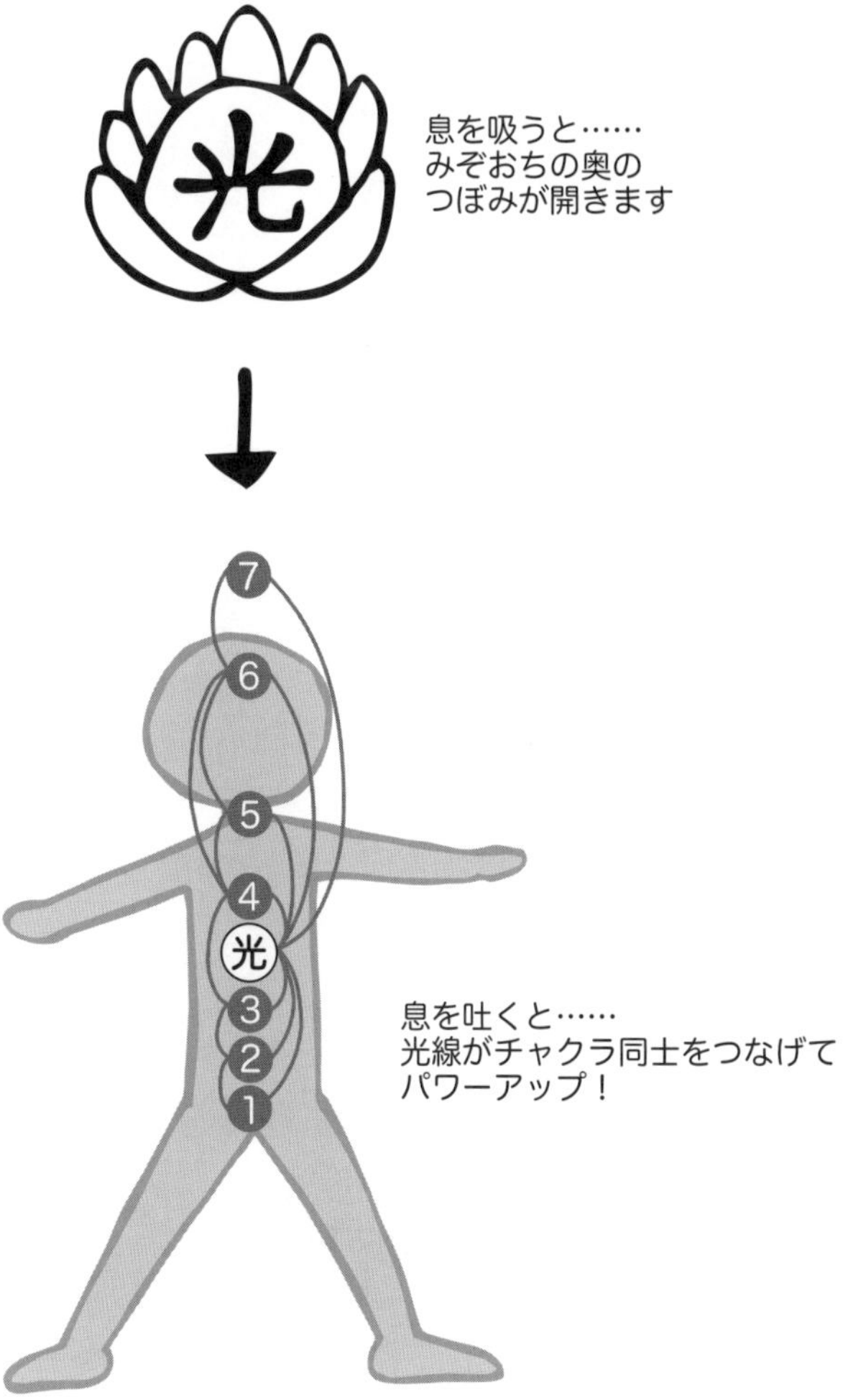
光
息を吸うと……
みぞおちの奥の
つぼみが開きます
7
6
5
4
光
3
2
1
息を吐くと……
光線がチャクラ同士をつなげて
パワーアップ！

【2】ハミングで活性化しましょう

みぞおちの奥の光の玉から音を出すイメージで「ん～♪」とハミングをして響かせましょう。（音鳴らし）

←

さらに好きな音程、好きなリズムで1分くらい、みぞおちの奥の光の玉からハミングを響かせましょう。（でたらめの曲でも、歌のハミングでもかまいません）

天地人チャクラが活性化して、チャクラのエネルギーのうずが大きく速く回転します。

（1分くらい、みぞおちの奥でハミング）

【3】天地人チャクラが活性化することで…

・みぞおちより下にある3つのチャクラと、上にある4つのチャクラをつないで、各チャクラの働きの連携を高めます。
・天地のエネルギーとしっかりつながるので、視野が広がり、出来事を俯瞰《ふかん》でみる力が高まります。
・体を縦に貫くエネルギーの柱ができて、心身のバランス強化につながります。
・各チャクラから体にある2000個のツボにエネルギーが伝わり、ツボ同士が縦横無尽につながります。
　↓
体内のエネルギーラインが太くなり、身体が生命エネルギーで満たされます。
　↓

あなたの大黒柱が
強化される！

さらに、底力の第1チャクラから光線が伸びて、地球の内部に光（あなたの根っこ）が広がります。地球上のすべての生命を生かすエネルギーとつながります。

地球というお母さんとへその緒でつながっている感じです。

・地球であるあなた、人間のあなた、宇宙であるあなた、エネルギー的にはどの次元のあなたも常に合体しています。

すべてのパワーを使い、今を味わい楽しんでいるのです♪

もし実感が湧かなくてもイメージだけで大丈夫です。「そうかもしれない」と思ってみてください。

地球上のすべての生命を生かす
エネルギーとつながります！

お母さん(地球)と
つながっている感覚♪

チャクラの連動を味わいましょう

チャクラを開くことができたら、今度は体が活性化したのを感じながら遊びましょう。

手先、足先までエネルギーが満たされ、じんじんしたり、シュワシュワしたり、ほのかな温かさを感じることができます。ちょっとでも感じたら、その感覚を味わい、楽しみましょう。

最後に全身に満たされたエネルギーを味わいながら呼吸しましょう。

イキイキしたあなたに！
じんじん
あったか〜い
シュワシュワ

息を吸うとあなたの全身がふわ～っと膨らみます。
息を吐くとふ～っと元の大きさに戻ります。
同じように数回呼吸します。

各チャクラを活性化して、天地人として生きることは健康で幸せな人生を送るうえで役立ちます。

人の影響を受けない方法
「のれんになろう！」

人は生きている限り、知らないうちに他人の影響を受けているものです。皆さんの中にも、次のような経験をされた方はいらっしゃるでしょう。

・怒っている人と一緒に仕事したら、自分までイライラしてしまい、帰宅してから奥さんにあたりちらしてしまった。
・落ち込んでいる人を励ましていたら、自分の気持ちが沈んでしまい、立ち直れなくなった。

これは無意識に相手が使っているネガティブなエネルギーの名札を、自分のエネルギーとしてつけかえてしまうからです。よく、「邪気をもらう」と言いますが、実はそれはあり得ないことなのです。

では、そのカラクリを説明しますね。

まず、あなたの目の前に落ち込んでいる人がいたとします。やさしいあなたは、その人を見ると声をかけ、励まそうとします。

すると、二人は同じ「気分が沈んでいる」という周波数に浸ることになります。

そのとき、あなたがちょっとした落ち込みのネタをもともと持っていたとすると、それが反応してしまいます。

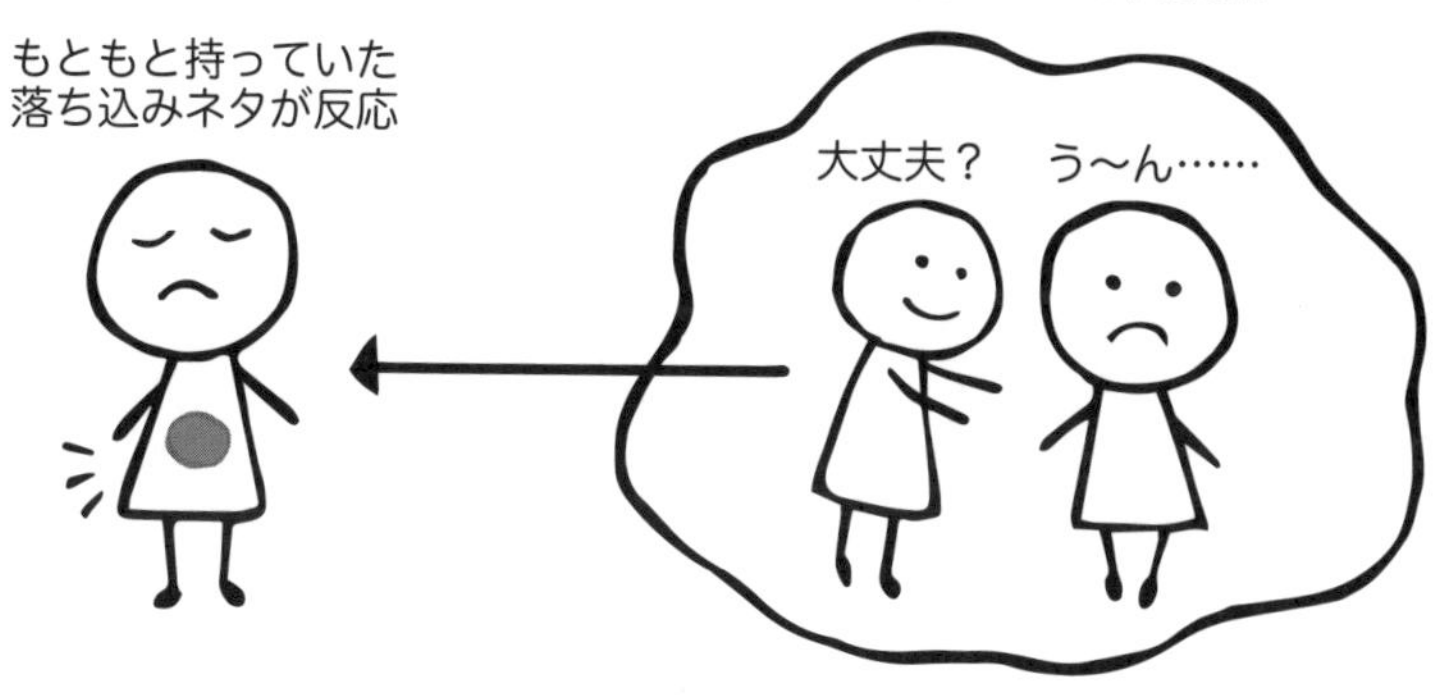
気分が沈んでいる周波数
もともと持っていた
落ち込みネタが反応
大丈夫？
う〜ん……

もともと持っていた落ち込みネタが米粒一つ分程度だったとすると、落ち込んでいる人を励ますことでさらに「落ち込みネタ」をもらうことになり、東京ドーム100個分くらいの大きな問題に感じてしまうのです。

←

あなたは、「どうしよう！　邪気をもらっちゃった！」と思い、相手の落ち込みエネルギーを「自分の落ち込みエネルギー」として捉えるようになります。

←

「どうしよう、心が沈んで立ち直れない！」
今度はあなたが落ち込んでしまい、なかなか立ち直れなくなってしまいます。

←

気分転換をしたり、瞑想などをすることで、なんとか立ち直ろうとします。

人と会った後に自分に起きた変化は、相手の情報を受けた結果です。

例えば、

人と会っていたら心が重くなった。

←

相手の心が疲れているのを、自分の心が共鳴しただけ。

←

あなたの心にもともとあったちょっとした疲れが反応して、自分の心がとても重くなったように感じている。

←

「これは相手の情報（エネルギー）なのだ。情報が分かったからもう必要ない。きれいに流そう！」と意識すると、あなたの心からその情報が消えて軽くなります。

相手に聞く必要はないですが、

「元気？」と聞くと、

「疲れてる！　ストレスで困っているんだ」

という応えが返ってくることがあるかもしれません。


人と会う前に、「私はのれん♪」と意識してから会うと、相手からきたネガティブな情報エネルギーは自分の中にとどまらずにスーッと素通りしていきます。

感じてもスーッと抜ける

腰や胃など、相手の情報を
身体に感じることもあります

生命エネルギーを３分で満たすセルフヒーリング

ここからは、お手軽に３分で〝パワーチャージ〟する方法をご紹介します。体を縦にシェイクするだけです。

①目をちょっと開けて前をボーッと眺めます。腕は肩からだらんとぶら下げる感じで、胸を張らずにみぞおちを少しゆるめます。膝の裏をほんのちょっとゆるめたまま立ちます。（足の間は少し開き立ちます）

この姿勢だと背骨のカーブがあまりなく、縦の直線に椎骨が並びます。

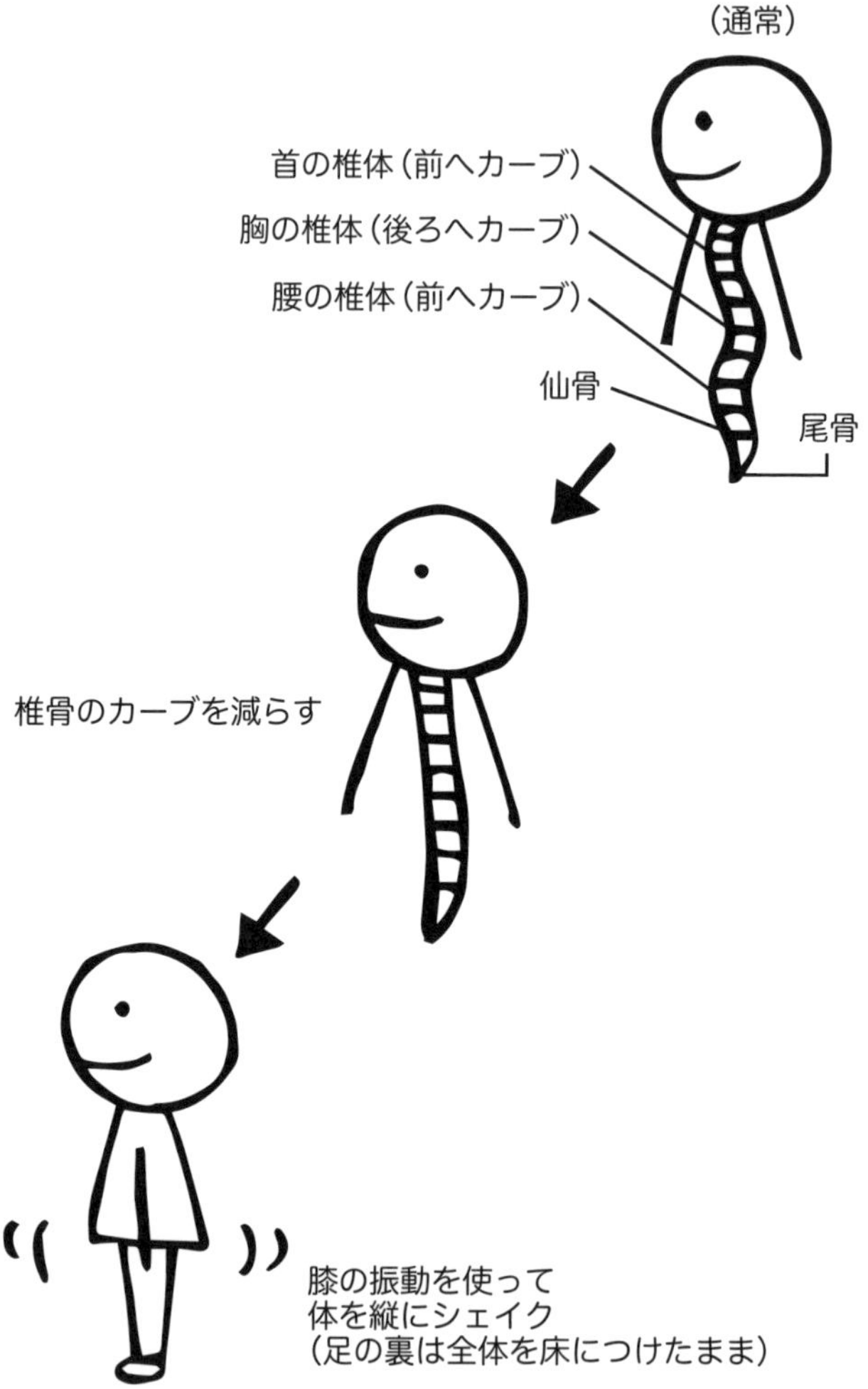
（通常）
首の椎体（前へカーブ）
胸の椎体（後ろへカーブ）
腰の椎体（前へカーブ）
仙骨
尾骨
椎骨のカーブを減らす
膝の振動を使って
体を縦にシェイク
（足の裏は全体を床につけたまま）

②足の裏全体をペタっと床につけたまま、膝の振動を利用して体を縦にシェイクします。椎骨同士がトン、トン、トンと刺激しあうイメージです。

③1分くらいシェイクしたら、膝の裏は少しゆるめたまま振動を止めて、全身の感覚を味わいましょう。エネルギーが背中にチャージされて、内側からじわ〜んとしてきます。

④さらにイメージを入れていきましょう。
頭の上の太陽からの光のシャワーを浴びましょう。そのシャワーを浴びながら、また、体を縦にシェイクします。あなたの体内も光で洗い流され、地球に流れていきます。

⑤2分くらい縦にシェイクしたら、膝の裏はすこしゆるめたまま、ゆっくりと静かに振動を止めて、体の感覚を味わいます。

光のシャワー

手先、足裏がじわ〜んとシビれるような感じは、生命エネルギーが体の隅々まで満たされた証拠です。

体の中心が温かい感覚などを、言葉にはしないでただ味わうと、さらにパワーが満たされます。

パワーチャージの方法はユーチューブで詳しくご紹介しています。

そちらも参考にしてみてください。

【ヒーリング】
パワーチャージの方法

使命は「生まれてきてやりたかったこと」

「**なぜ自分は生まれたのだろう？**」

「**何が私のミッションなのだろう？**」

と思うことはありませんか。

長い間、魂を癒す仕事をしてきましたが、私にはとても納得した感覚があるのです。

実は、魂たちは地球を眺めながら、

「**地球でこんなことをしてみたいな**」

「**前生まれたとき失敗したことのリベンジをしたいな**」

とワクワクしています。

《生まれる前》
美味しいものを
食べてみたい！
あの魂と仲直りしたい！

生まれる前は同じような周波数を使う魂たちと集合して過ごしているので、3次元に生まれるまではほかにどんな周波数があるのかわかっていません。

なので、「もっと自分の世界を広げたいな」とワクワクしています。


そして、自分の願いに合った人生になる両親、時代、地域、星まわりを自分で選ぶのです。

魂たちは、生まれてくる前に生んでくれるお母さんのエネルギー体と話し合います。

「地上に無事に生まれることは奇跡に近い」と魂たちはわかっています。


それでも、お母さんのおなかにはいり、無事に生まれ

こんな
人生にしたい！
生んでください！
いいわよ
楽しもうね
お母さんになって
くれる人の
エネルギー体
《生まれる前》

る奇跡を願います（だいたい妊娠2〜3カ月目のとき）。

そして、無事に生まれてきたとき、宇宙全体もその奇跡に対して大喜びします。

ハレルヤ！　ハレルヤ！　と大合唱！

一人が、地上に生まれ育ち、一生を送ることを、宇宙全体が祝福し、喜び、ずっとサポートしています。

あなたが普段「ワクワク」するとき、それは、生まれる前の願いにつながっているのです。

バンザーイ！
ハレルヤ！
生まれてきてくれてありがとう
おぎゃあ！おぎゃあ！
（生んでくれてありがとう）
ハレルヤ♪

［宇宙も大喜び］

大事な人を癒したいとき、誰でもお手軽ヒーリング

大事な人（家族、友人など）がしょんぼりしているとその人の体に手を添えたくなりますよね。

「手当《てあて》」……医療の原点です♪　これがヒーリング♪

①宇宙と地球とあなたが合体して一緒に呼吸するイメージをしましょう。

②呼吸を続けたまま、癒したい人の体にやさしく手を当てます。あなたが気になるところや、手を置きたく

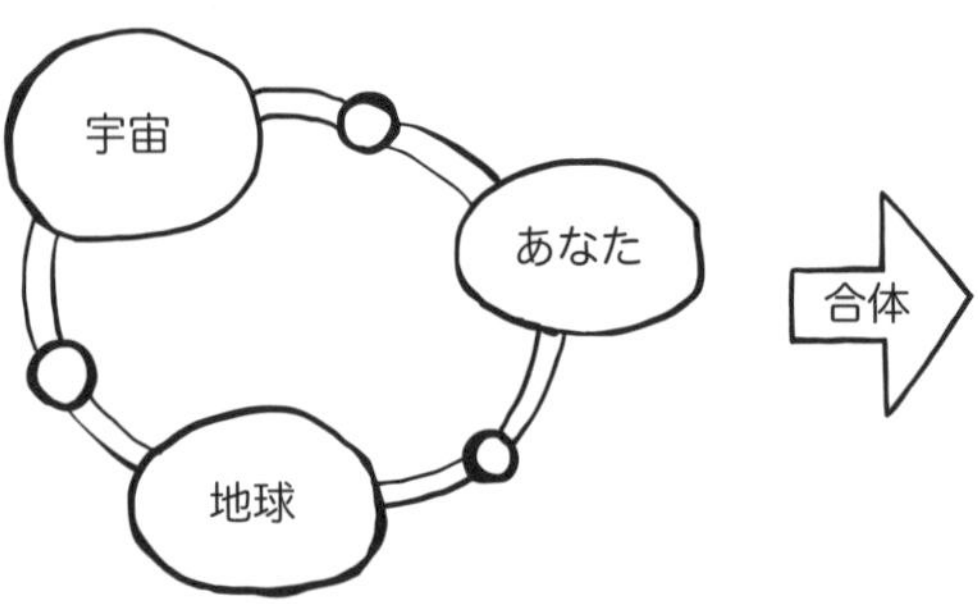

宇宙
あなた
地球
合体

天地人になったあなた
天地と合体して
ゆったりと呼吸
（ヒーラー波動になります）

なったところに置いてください。お互いに楽な姿勢でおこないましょう。

③心の中で「ヒーリングをさせていただきます。ありがとうございます」と唱えます。ヒーリングはとても謙虚な波動を使うほうが、ピュアな宇宙愛を使うことができて効果が高いのです。

①〜③であなたはヒーラー波動になれます。

④ゆったりと相手の呼吸とあなたの呼吸を合わせるように、ヒーラー波動で呼吸を続けます。

⑤相手の体に置く手の位置を何か所か変えながら、ゆったりと呼吸を続けます。何かほかの思考が出てきたら、景色を見るように見送り、呼吸に集中します。

⑥「もう良いかも♪」と感じたら終わります。時間の目安は数分〜10分くらいで疲れる前に終わりましょう。

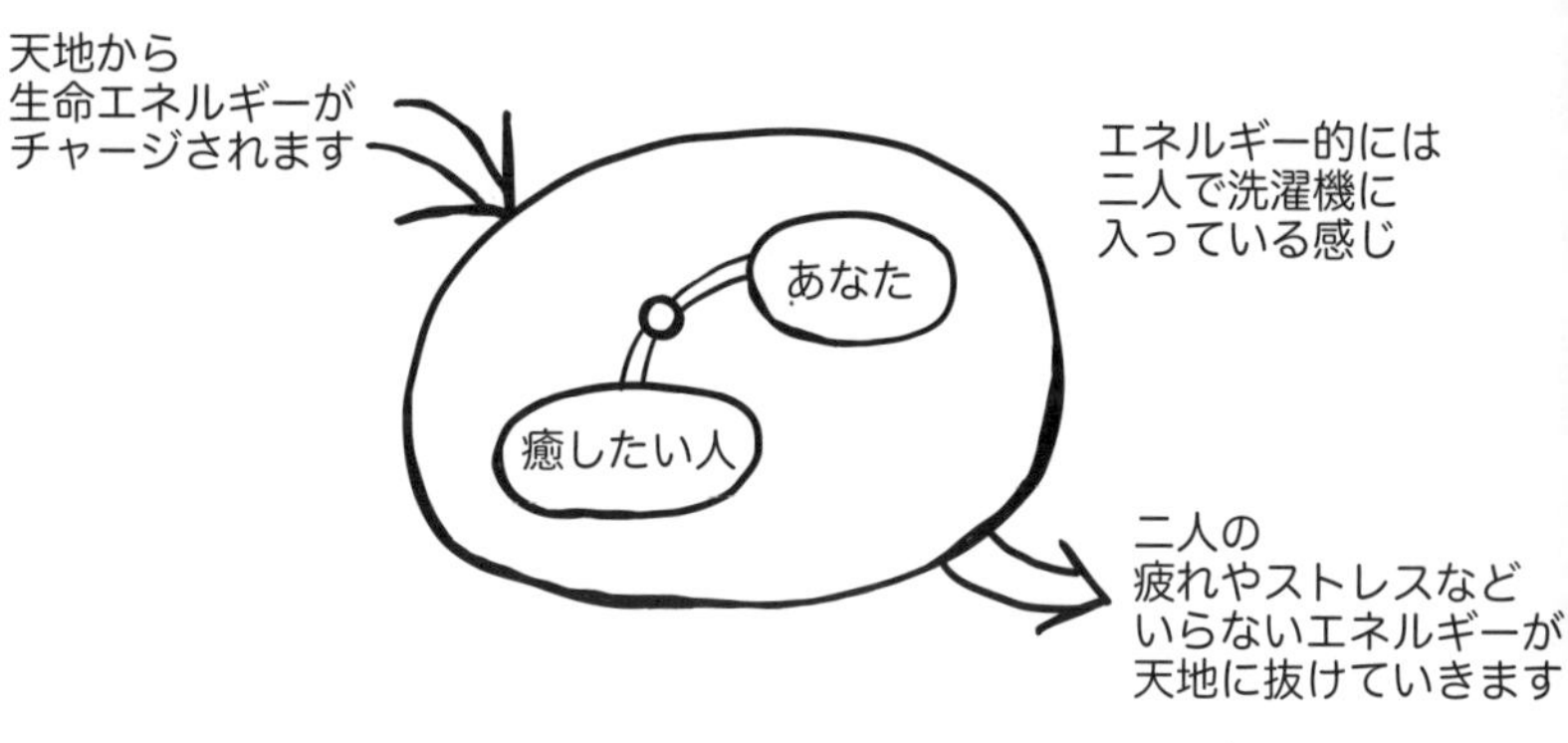
天地から
生命エネルギーが
チャージされます
エネルギー的には
二人で洗濯機に
入っている感じ
あなた
癒したい人
二人の
疲れやストレスなど
いらないエネルギーが
天地に抜けていきます

お手軽ヒーリング中は、エネルギー的には二人で洗濯機に入っているような状態になっています。疲れやストレスなどのいらないエネルギーが天地に抜けていきます。

★ヒーリングがうまくいくコツ

・天地の掃除機がいらないエネルギーを二人から吸い取ってくれるというイメージと体感を使いましょう。

・天地から生命エネルギーがシャワーのように降り注ぐというイメージと体感を使いましょう。

＊注意

ヒーリング中に起きたあなたの心身の変化は、相手の情報によるものです。のれんになったつもりでいれば、自然に流れていきますのでとらわれないでください。

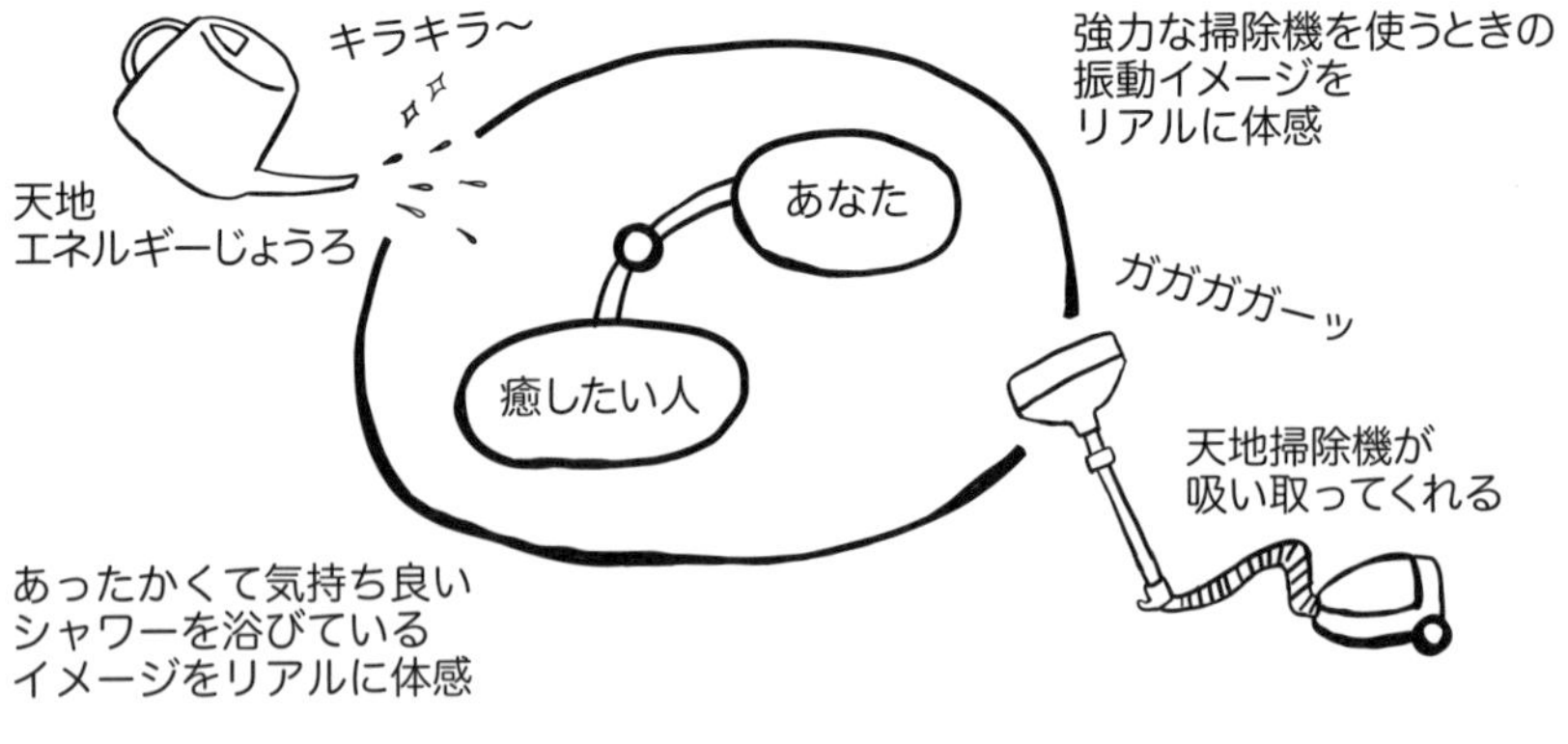
キラキラ～
強力な掃除機を使うときの
振動イメージを
リアルに体感
天地
エネルギーじょうろ
あなた
ガガガガーッ
癒したい人
天地掃除機が
吸い取ってくれる
あったかくて気持ち良い
シャワーを浴びている
イメージをリアルに体感

【ポイント】「安心」して「必ず良い方向にいく」という心でヒーリングしましょう。
×心配し過ぎ→心配の波動を使ってしまう
×相手のつらさに感情移入→あなた（ヒーラー）がつらくなる
○明るく安心した気持ち→あなたも相手も元気になるヒーリングに！

ヒーラーは、相手が癒された後をイメージして「相手が元気になった」仮の未来を頭の中につくります。

↓

その未来がすでに「実現した」と思いながらヒーリングすることで、効果があらわれやすくなります。そのときに変化が感じられなくても、だんだんとヒーリングが相手に染みてきます。

ヒーリングをすると相手のエネルギー体がヒーリングエネルギーを受け取ります。その後、相手の心や体に染みていき、だんだんと元気になります。（多少時間差があります）

すべては変化し続けていて、すべてはつながりあっている

「諸行無常」……すべては変化し続けている
「諸法無我」……すべてはつながりあっている

お釈迦さまが悟られた真理、宇宙！

実は私たち人間も変化し続けること、つながりあうことが本質なんです。

それでも私たちは、地球で「こだわること」を楽しんでいます。

なので、楽しむ感覚を意識しながら生きると、こだわり過ぎて苦しむことがぐっと減ります。

私たちはエネルギー体。どんどん変化できます。楽しみましょう。

あるとき、「すべてはつながりあっているって……何でつながっているの？」と思いました。

それが「感謝のエネルギーが接着剤だあ！」と気づきました。

「存在してくれてありがとう」

「こちらこそありがとう」

「ありがとう」

「ありがとう」

ありがとう！
存在してくれて
ありがとう
ありがとう！
ありがとう！
ありがとう！
ありがとう！
ありがとう！
ありがとう！

クンダリーニ昇華はしなくてＯＫ

クンダリーニ昇華については、のちほど詳しくお話ししますが、宇宙のからくりをこの本で知っていただければ、もうクンダリーニ昇華したのと同じです。

みなさんには道を求めて修行を続けて、危ない経験をしてほしくありません。

・すべての次元にあなたはいます。
←
・すべての次元のあなたが「今！」を味わっています。
←
・あなたは宇宙そのもの、無限大です！
←

・3次元で真面目に人間をやり過ぎて、自分が宇宙そのもの、無限大であることを忘れ過ぎた魂がたくさんいます。

　　←

・亡くなってからも本質の世界に戻らず、自分と合うこだわりの魂たちと過ごしてそこからまた地上に生まれてくるので、なかなか本質の感覚を取り戻せないでいます。

地球で亡くなり天国へ行ったあと、例えば、お金がすべてだと思い込んでいた魂たちが集まったエリアや、善悪に厳しい魂たちが集まったエリアで過ごしていれば、そのエリアの周波数を持ったまま変化することなくまた生まれることになります。

本質の世界である、なんでもありのワクワクした楽しい世界での感覚をなかなか取り戻せないままになってしまうということです。

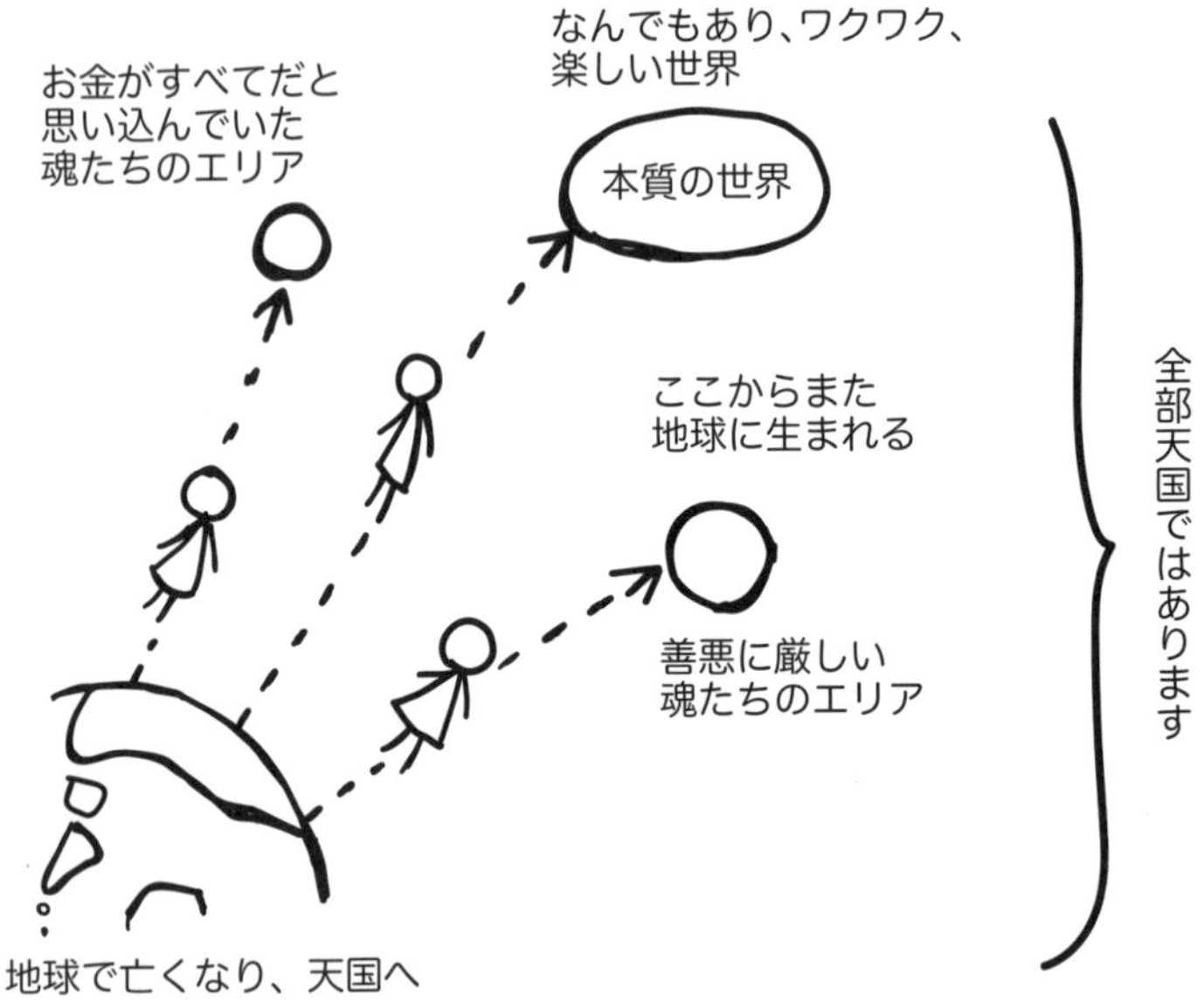
お金がすべてだと
思い込んでいた
魂たちのエリア
なんでもあり、ワクワク、
楽しい世界
本質の世界
ここからまた
地球に生まれる
善悪に厳しい
魂たちのエリア
地球で亡くなり、天国へ
全部天国ではあります

パート
2

ははごころ治療院ヒーリング日記

ゲームの世界から戻ってこられなくなった

ある日、患者さんからメールが届きました。

「娘（小学三年生）の様子が変です。『世の中の物が全部怖い！』と言い出して、洗面所に立ちすくんでいます。『怖い怖い！　どうすればいいの!?』といった状態になっています。治療院に連れていきますので、娘から話を聞いていただけないでしょうか？」

「大丈夫？」

「先生！　怖いよ！　ドライヤーかけてるときも、ま

大丈夫？
先生！怖いよ！
とくに夜が怖い！
さやちゃん
（小学3年生）

んがも、音や声も。とくに夜がこわい～！」

この子の名前はさやちゃん。さやちゃんのことはよく知っていて、とってもパワフルでたくましい子です。

波動を見てみると「おばけ屋敷の周波数」でした。おばけ屋敷の中で、さやちゃんがおびえているビジョンが見えたのです。

「さやちゃん、この世界から出よう！」

私は、絵を描いて説明しました。

「ユーチューブでもたくさんチャンネルがあるでしょ？　さやちゃんは今、『おばけ屋敷チャ

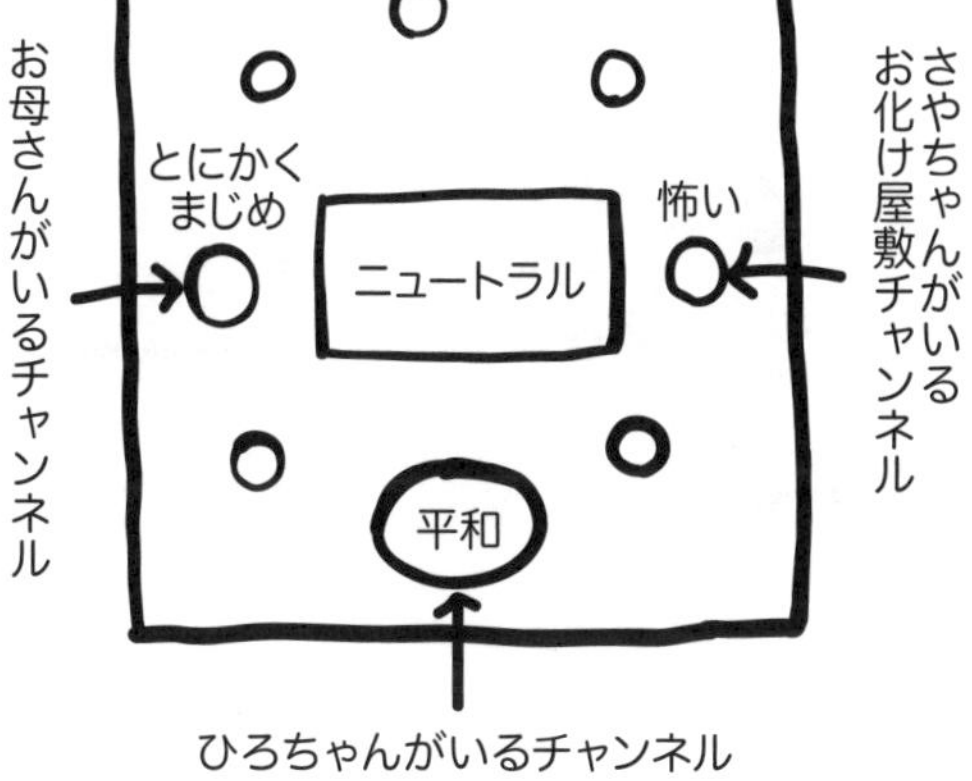
さやちゃんがいる
お化け屋敷チャンネル
怖い
ニュートラル
とにかく
まじめ
お母さんがいるチャンネル
平和
ひろちゃんがいるチャンネル

ンネル』から出られなくなってるの。このチャンネルのドアを開けて、中央の『ニュートラルフロア』に出て！」

さやちゃんに、「お化け屋敷」の周波数から出てニュートラルフロアにいくところをイメージしてもらいました。

ドアノブを握る感覚をたしかめ、ドアを開けるジェスチャー

↓

トコトコと歩く足の感覚を味わいながら、中央のニュートラルフロアにたどりつくまでのジェスチャー

すると、さやちゃんの使う周波数が静かなニュートラ

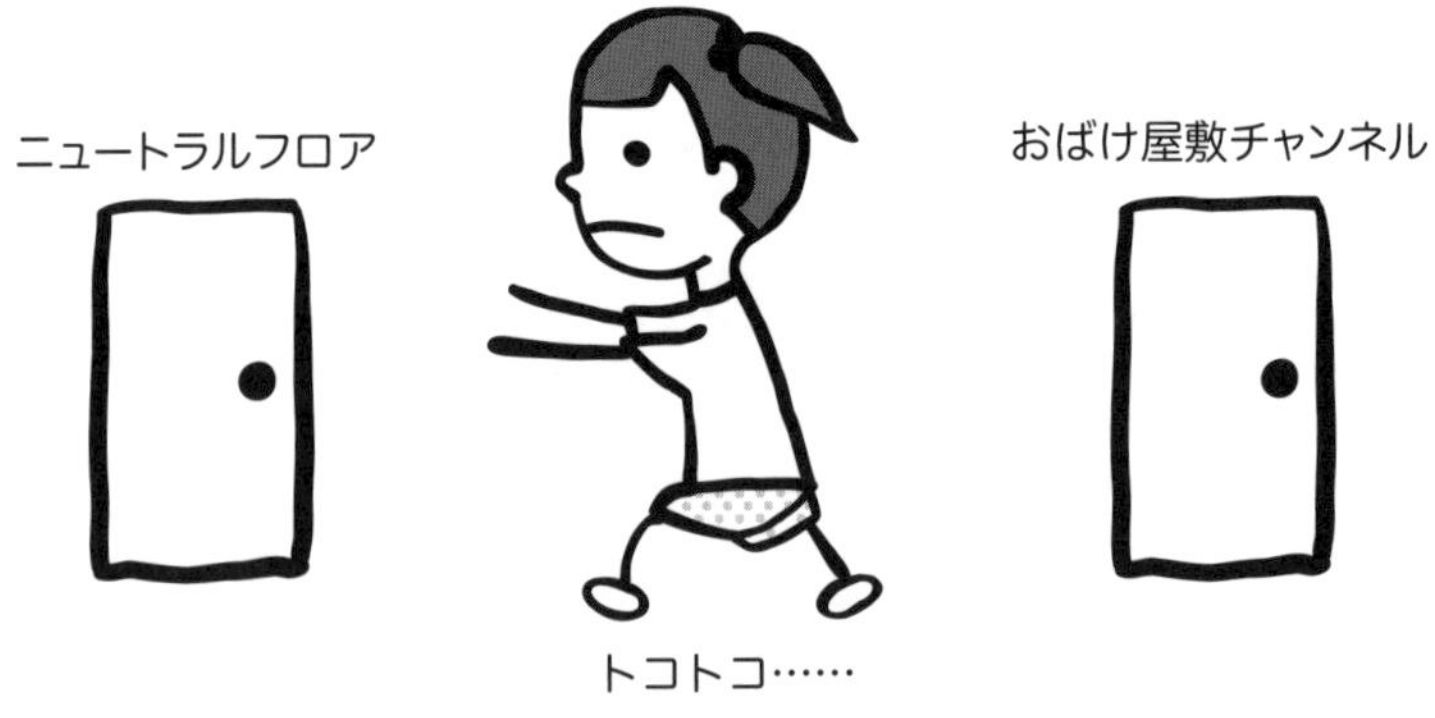

ル波動に変化しました。

「さすがさやちゃん！　自分でエネルギー調整できたよ！」

「あれ？　怖くない！　あ〜よかったあ」

さやちゃんは、半年くらい前からホラーゲームにはまっていたそうです。たくましいさやちゃんは怖くても勇ましくゲームを続けていましたが、その結果、こんな事件になったのでした。

夜の夢遊病と奇声

こちらも患者さんからのメールでのご相談です。

「孫（小学1年生）が夜、夢遊病で歩いたり奇声で叫ぶのが心配で……」

お孫さんの名前はともちゃん。夜になると夢遊病を起こすともちゃんを心配したおばあちゃんからのご相談でした。


まず、遠隔で状況を見てみました。

ともちゃんが寝ている間、ともちゃんの過去生が戦争中のパラレルワールドにいて暴れているようでした。


そこで、戦争中の過去生のエネルギー体をヒーリングしました。もう戦争は終わっていることと、今は平和を楽しむ時代であることを理解してもらえました。パラレルワールドは消えて、過去生のエネルギー体は、ともちゃんの潜在意識としての存在になりました。

ともちゃんと一緒に平和を楽しむことができます。

数日後、おばあちゃんからまたメールをいただきました。

「おかげ様で夜起きることもなく、ぐっすり寝ています。安心しました」

エネルギーの世界は、過去も未来も「今」起きているように感じます。「時間」のない世界です。

わーっ！
やーっ！
へ？　そうなの？
早く言ってよ～
あの！
もう戦争は
終わってます！
パラレルワールドで戦争中の
ともちゃんの過去生

数カ月して、またともちゃんのおばあちゃんからご相談を受けました。

「負けず嫌いで、とにかく一番になりたがって、お友達に嫌われてしまうのが心配で……」


今度もまた、遠隔で状況を見てみました。

すると、ともちゃんの「私はすごいの！」という信念を表現したがっているのを感じました。お友達の前でいばっているビジョンです。


私はともちゃんの潜在意識と話し合いました。

「ほんとうにすごい人は、人の優れているところを認めてそれを祝福するよ」

と伝えて、遠隔ヒーリングをしました。


その結果、ともちゃんの信念エネルギーが柔らかくなるのを感じました。

「みんなそれぞれすごいのね」

ともちゃんの奥のほうからも返事がきました。

それからは、学校から帰ってきて「負けてくやしかった話」ではなく、お友達をほめたり、一緒に楽しく過ごした話をしてくれるように変わったそうです。

先日もおばあちゃんと散歩中に、ともちゃんが治療院に立ち寄ってくれました。

とても平和な優しい笑顔でした。

3次元初チャレンジ！

今度は電話でのご相談です。

「息子は小さいときからよく交通事故にあったり、どこかにぶつかったりします。幸い大きなケガをしたことはありませんが、何が原因なのでしょう？」

高校生の息子、Kさんは昔から何かにぶつかることが多く、お母さんは心配して相談してくれました。

まずはKさんのことを遠隔で見ていきました。確かによくぶつかるビジョンが見えます。

木にぶつかったり……、車をよけそこなったり……

Ｋさんの目線で状況を見直してみると……

Ｋさんのエネルギー体が物質同士の境目を見ていないことがわかりました。

次に、Ｋさんの過去生を見ていきました。

過去生では、地球ではないほかの星で集合意識体（５次元ワールド）として暮らしていたビジョンが見えます。

「息子さんは3次元で暮らすのは初めてですね。物質同士の境目がわかっていません」

「ええ⁉　そうなんですか？　どうすれば良いのですか？」

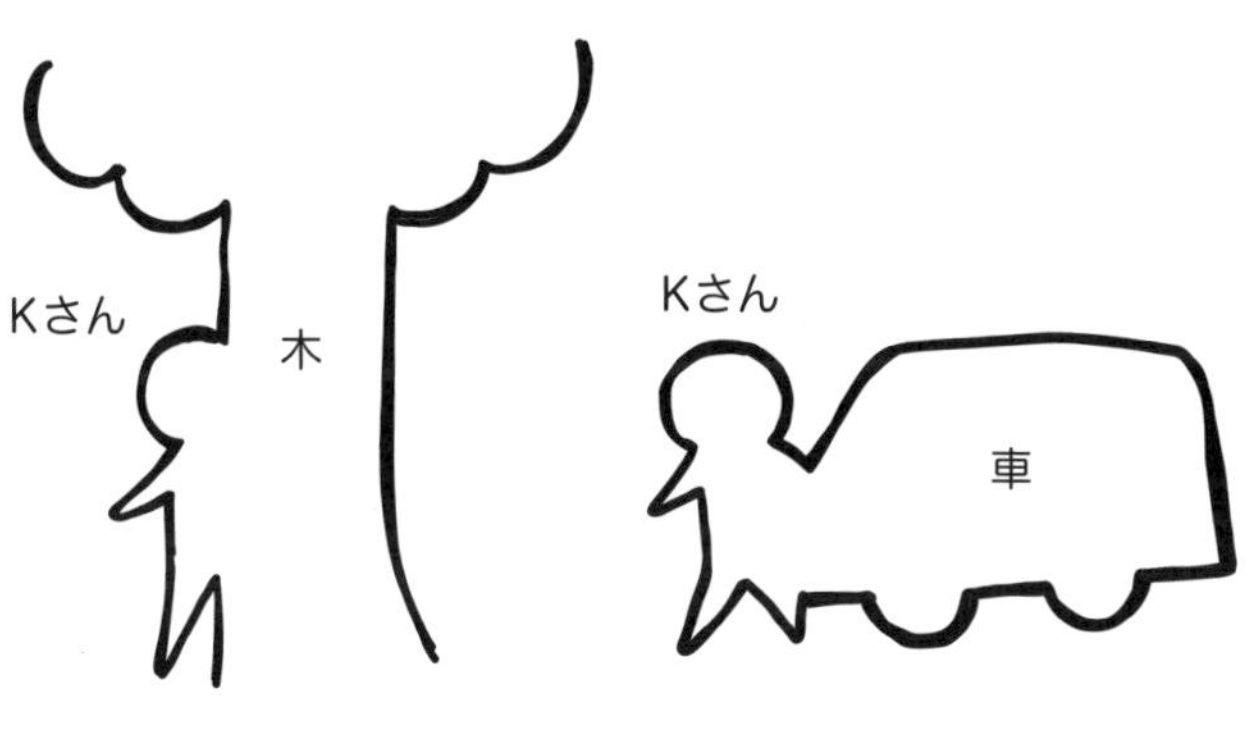

Kさんのエネルギー体に、5次元で暮らすことと3次元で暮らすことの違いを説明しました。

とにかく今は、3次元で「個体」を楽しんでいることや、そのときの注意点、楽しみ方をレクチャーしました。

Kさんのエネルギー体はよく理解してくれたようで、それからKさんの身に事故などのトラブルは起きないそうです。


5年後、Kさんが大学4年生になったとき、就職活動が始まりました。

初めての会社の面接の際、会社の偉い人達がずらっと並んでいて、一人その前に緊張して腰を掛けました。コロナ禍で皆マスクをしていましたが、「K君の顔をよく見たいから、マスクをはずしてくれる？　仕事は皆で教えるから、どんな人なのかを知りたいな」と言われ、Kさんはマスクをはずして、問われるままに好きな音楽の話などをしたそうです。

１時間もの面接のあと、「君は、うちの会社の子だ。内定です」と即決になりました。その会社の人たちの過去生がいた集合意識体と、Ｋさんの過去生がいた集合意識体の波動が一緒だったようです。Ｋさんにぴったりの会社に就職が決まりました。

不満を言い続ける

「トクさんは、先日東北に旅行した話をしてくれました」

「友達と駅の北口で待ち合わせてたのに、友達は東北口で待っていて、なかなか会えなくって……」

「旅行ツアーでハイキングが途中あるから、それ用のズボンをリュックに入れたから重くて……」

「おそばを注文したら、空いてるお店だったのに30分もこなくておいしくなかった」

というように、トクさんが不満ばかりを言うので、

「トクさんは不満を言うのが大好きですね。ネタはなんでもよいのだと思います」と言うと、トクさんは、

「でも、友達もいつも不満なことばかり話すよ。それが普通でしょ？」と言いました。

そこで、「楽しかった話、うれしかった話をすると生命エネルギーがよくまわって健康に良いです」と勧めました。

トクさんをヒーリングすると、不満なことを感じた嫌悪感のエネルギーがたくさん出てきます。いつのまにか「不満周波数」を使うくせがついてしまったようです。

本質に近い「嬉しい、楽しい、ありがたい」周波数を意識して、そのネタを探すと、「幸せを感じる力」が引き出されます。

よく聞いてみると、とってもハッピーな旅行だったようです。

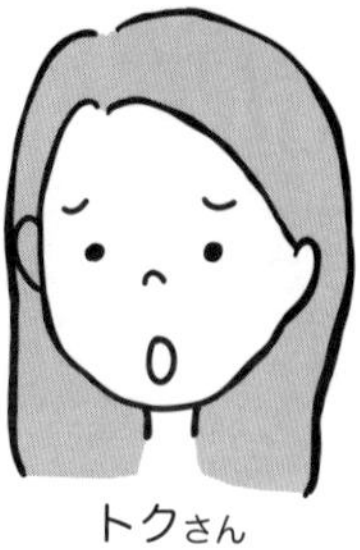

トクさん

過去生での生き方や人間関係に振り回される

ちかさんは、相手によって不思議なくらい対応が違うようで、本人もそれに気づいていません。

そういった場合、過去生での生き方や関係性が影響していることがあります。

過去生で「女王様だったちかさん」と「侍従だった弟さん」という関係性であれば、

「**こうやって！　これもやって**」

「**姉ちゃんの言うことを聞かなきゃ、恐い**」

過去生のときの
女王様（ちかさん）と侍従（弟さん）

過去生で「雇い主だった近所の人」と「メイドだったちかさん」という関係性であれば、

「**ちかさん、いつもありがとう**」

「**なんでもおっしゃってください**」

ちかさんには、「**今回はせっかく民主主義の世界に生まれて、言論の自由もあるので、しっかり人生の主導権を握りましょう**」と勧めました。

平等な生き方も、生まれてきてやりたかったことなのでは？　と話し合いました。

ちかさんの魂はとても真面目なのが特徴なので、ニュートラルな意識のときは善良で公平な方なのです。

過去生のときの
雇い主（近所の人）とメイドさん（ちかさん）

突然逝った方の供養ヒーリング

「人間は突然亡くなったとき、
ご本人がそれに気づいていないことも
多いのです」

そんなときは、親族の方が「亡くなったこと」を心の中で教えてあげてください。亡くなった方は救われます。

突然亡くなるのには、いろいろなケースがあります。

・施設で眠るように亡くなった高齢の女性

閉ざされた空間で途方に暮れていました。ご本人は生きているつもりなのに、何か変な感覚だと困っていました。「亡くなったこと」を伝えたら、「ついに終わったのね♪　楽しかったわ♪」とはしゃいでました。交流ヒーリングをしたところ、天国へ旅立たれました。

・深夜にタコ足配線が原因で発火し、火事で亡くなった高齢の男性

まだパラレルワールドで煙の中にいて、パニックしていました。パニックの治療ヒーリングをしたら、パラレルワールドが静かな空間に変化しました。同居の奥様のことを心配されていたので、「奥様は無事に救出されてお元気です。あなたは亡くなってとても残念なことでした」と伝えたら、名残惜しそうに天国へ旅立ちました。

・フラれた彼女の部屋であてつけ自殺した30代男性

まだ彼女の部屋で、恨みのこもったエネルギーを発していました。恨みを癒すヒーリングをしながら、彼の言い分をじっくり聞かせてもらいました。

「来世ではもっと優しい彼女を見つけてね」と励まして天国へ送り出しました。

・心臓発作で会社へ出勤途中に亡くなった40代男性

亡くなったことを伝えたら、「えぇ⁉ それ、なんとかなんないすか⁉ 生き返らせてください！ 困ります！」と蘇生ヒーリングを依頼されました。

肉体が焼かれる直前に生き返る人もいますし、彼はまだ死後2日目だったので可能性はゼロではないと思い、いろいろ工夫して蘇生ヒーリングをしてみました。

しかし、その後生き返ったという連絡はありません。

魂は、生まれてくるときあらかじめ寿命を決めています。

ですが、予定外で早く亡くなることはよくあり、そのほうが多いとも感じています。交通事故や病気など、予定外に起こるのがこの世です。それはどの魂も覚悟して生まれます。

未来は決まっていない

「あなたの未来は、今のあなたがあらかじめエネルギーの世界に、映画のように制作しています。
そしてその未来が「今」にくると現実になります。未来映画が現実になる前なら、いくらでも制作しなおすことができます」

相談者のなおさんが創りはじめてる未来を見たら……

ニューヨークの朝、大きな橋の上で大型犬を連れて散歩しているなおさんが見えました。周りには金髪のビジネスウーマンなど、たくさんの人がいます。人の中にいるのが苦手ななおさんは、気配を消して立ち止まります。

「なおさん♪　向こうから歩いてくる金髪の女性に元気よく声をかけましょう！」

「Good Morning!」

「グ、グッドモーニング！」

すると、とたんに未来のビジョンが変わりました！

なおさんと金髪の女性が気さくに声をかけ合うビジョンが伺えます。会話を楽しめているのです。

「グッドモーニングと言うのにすごく勇気がいった。言えたら楽になった！　これからだれにでも声をかけられそう♪」

「未来は無限にあるし、今のあなたがほんの少し変われば創っている未来はガラッ

と変わりますよ♪」

後日なおさんから、こんなメールがきました。

「仕事への『～するべき』というこだわりが強くて、そうじゃない部下へイライラしていたのが変わりました！『それも良いね』と部下を肯定してみたら、イライラしなくて、いろんなことが『笑い』に変化します。『人との関わりはもう怖くないね』と自分の心と喜び合えて楽です」

未来をつくるこつ

Good Morning!
グッドモーニング！
ワン！

魂の型をやり過ぎて生きづらくなる人々

「魂の型それぞれの得意分野をやり過ぎると、生きづらくなることがあります。なんでもほどほど♪」

パイオニア型

板前のヤスさんは典型的なパイオニア型。とても威勢の良い料理人です。

ある日、ははごころ治療院の午後から夕方の予約が、突然3件いっきにキャンセルになりました。

「この空いた時間、何かあるのかな？」と不思議に思っていると……

ヤスさんから電話で「今から行っていい!?」と連絡が入りました。

押しの強い声で「緊急で相談がある！」とのことでした。

その日にもともと予約されていた3件の人たちは、どの人も気の優しいお人好しの魂たちだったので、ヤスさんの魂に予約を譲ったのだろうとわかりました。

「どうしたの？」

「女房と子供が家出した！」

ヤスさんは走ってきたらしく、ゼエゼエしながら話しました。

奥様やお子さんのビジョンを見ると、ヤスさんに言いたいことを言えず、言っても相手にされず、悩んだ末に家出したようでした。

ヤスさんには、パイオニア型について説明しました。

「パイオニア型は自己肯定感が高くて、根底では『自分は正しい』と思い込んでいます」

物事がうまくいかないと、「自分は正しいのだから、ほかに原因があるはずだ」と勝手な判断で犯人（ヤスさんの場合はおそらく奥さん）を決めて責め立てる。

←

「これで解決した！」と勝手に思い、心が楽になる。

←

責められた人に不満が残る。

ヤスさんは自分が正しいと思って疑問が持てないので、自分を改善することは思いつかないのです。

そこで、遠隔ヒーリングで奥様やお子さんとのわだかまりを浄化し、ハートを癒して、関係を修復するヒーリングをしました。

ヤスさんには、

「これからは人の意見に耳を傾けましょう。人の思いに寄り添いましょう。1000歩譲って人に道を譲りましょう。」とお伝えすると、

「**う〜ん。わかった。がんばる！**」と言っていました。

その後、ヤスさんが奥様に連絡して謝ったところ、帰ってきてくれたそうです。

ヤスさん、変われるかな？　がんばれ！

ヒーロー型

「異動した職場の雰囲気が冷たく感じました。初めてのことばかりのところで、積極的に教えてくれる人もいない。感じの悪い二人との仕事が苦痛です！」

と、ヒーロー型のゆりさんは話してくれました。

ビジョンを見てみると、その二人はゆりさんに怯えていました。ゆりさんは無意識に二人を「悪い人」とジャッジしていたみたいで、二人を睨みながら仕事しているビジョンが見えました。

「……すごく腑に落ちた！　私、変わるときですね……ジャッジしないで関わります」

ゆりさんのようなヒーロー型の人

は、誠実で公平だけど、常に無意識にジャッジをしています。

「善か悪か」「正しいか間違っているか」をジャッジして、「悪」や「間違い」と見なした人を許せません。まず睨み、正そうとしたり、忠告したり、戦ったりしてしまいます。

「ファジー（あいまい）で中庸な目線で関わる」と決めてくれました。


後日、ゆりさんからメールが届きました。

「突然二人の様子が変わりました。『ジャッジしない』と決めただけなのに。朝の通勤で後ろから『おはようございます』と声をかけてくれました。いつも笑顔で接してくれます。不思議なことに、今では前から感じの良い人のようなんです。人にはいろいろな面があることがわかりました。『良いも悪いもない』と腑に落ちました」


これは、ゆりさんから二人を責める念がなくなって、安心してゆりさんと交流できるようになったということです。もともと感じの良い人たちでも、ゆりさんの判定で「悪い人」という認識をされてしまった、ちょっと気の毒な話でしたね。

今回の例は誰も悪くないですが、人間関係のトラブルはこんな感じが多いのかもしれません。

ナース型

「**彼がほかの人とHしてるのを見てしまったんです。きっと私がいたらなかったんだと悲しくて泣きながら走って逃げました。私は何がいけなかったのでしょう**」

ナース型のみほさんは泣きながらひろちゃんに訴えてきました。

ナース型は、自分よりも人を優先して尽くします。

トラブルが起こると、「私が悪いんだ。私がいたらないから」と自分を卑下してしまいます。

↓

自分を卑下することで、トラブルが解決した気がして気持ちが落ち着きます。

↓

自分を否定するので、実力はあるのに自信が持てません。劣等感も強くなりがちです。

「彼がみほさんのことを大好きだという波動は変わっていません。かなりやり手の女性がリードして、なんとなくそんなムードが盛り上がったというビジョンです」

「そっ、そんな……もう恋愛はこわい」

みほさんは、現実が怖くて、しっかり向き合えません。

そこで、なんでも自分のせいにしないで、ありのままを見ながら「逃げるのではなく、彼にその場で怒ることもできた」と話し合いました。勇気パワーでみほさんをヒーリングしました。

後日、みほさんは彼と話し合うことができたそうです。

「浮気されるのはつらくて耐えられない！」

「わかった！　ごめん、もうしない」

エンジェル型

エンジェル型のただし君は、ひろちゃんにこう話します。

「よく人に騙されて、お金を払わされたりします。

あと、人の集まりで軽く扱われたりして……、なんででしょう？」

問題点①

エンジェル型は「良い人」を貫こうとします。親切にしすぎるのです。
「営業成績をのばしたい友人のために、たいして必要でもないものを買う」という
親切です。それが理由で自分は後悔してしまいます。

←

「自分を守れるかどうか」という目線を持つ必要があります。断る勇気も大切です。

問題点②

いつもにこにこしていて、人当たりも良いので「この人は何しても怒らない」と
軽く扱われることがあります。

←

「いやなことはいや」とはっきり言う。
自分の意見を主張することで、無礼な扱いをされなくなります。

問題点③

エンジェル型の人は「自分は良い人、いつも幸せ」と信じすぎています。

←

・周りの人がつらい目にあっていても、気が付かなくて孤立することがあります。「無責任な人」と評価されてしまいます。

・人につらい思いをさせても「私は人にやさしい」という思い込みがあり気づけません。その結果、周りから孤立してしまいます。

←

たいてい「それじゃだめだよ」と注意してくれる人はいます。スルーしないで忠告を重く受け止めることで、人に信頼される、真の「良い人」になれます。

問題点④

エンジェル型の人は、同じミスを何度もする傾向があります。

素直なので「ごめんなさい」と謝るけど、学習にはなっていません。

←ミスが解決したり、許されるとほっとして記憶に残りません。

←ミスしたことを1カ月間毎日思い出し、後悔しましょう。学習になり、ミスの再発を防げます。

これは、実は私の最愛の父「ただし君」の話です。

今は天国にいて、キョトンとしてます。まだエンジェルタイプ顕在のようです。

介護疲れ

「お正月は帰省して、母の介護をしていました。それから風邪をひきやすくなり、治りにくくて……」

こう相談してくれたのは、たけこさんです。

「たけこさんはお母さんが大好きね。いつもお母さんの心配をしているみたい。お母さんの体のしんどさを、無意識に自分にコピーしてますね」

「では、その分母は楽になってるの？　それなら嬉しいな」

「残念だけど、そうではなく、しんどさをコピーしたこ

すぐ風邪を
ひいてしまいます……
たけこさん
お母さんが
大好きなのね

とでお母さんもたけこさんも、二人ともしんどい思いをしています。お母さんが元気でいることを願うなら、たけこさんが影響を受けないで、元気でいましょう。お母さんにたけこさんの『元気』がコピーされます」

・「自分はのれん」という意識でいると、人からきた情報を感じるだけで自分の中にはとどまらずに流れていきます。

・しんどくなったとき、「これは自分のしんどさじゃない！」と思うようにしましょう。「しんどいエネルギー」の名札を「自分以外の人の物」と変えてしまうと楽になります。

この方法は、自分がしんどいときでもやってみると結構楽になります。

空気中には「しんどいエネルギー」が漂っていて、さらにしんどくなることもあるので、それらを取り除く作戦です。

たけこさんに「のれん」になりきってお母さんのことを思い出してもらう練習をしました。

すると、「しんどいエネルギー」が体に溜まらないようになるので、風邪をひきにくく、ひいても治りやすい体になります。

番外編

本の原稿をチェックしてくれている友人から、

「ほら、あの話で私は『過去の失敗やつらさ』を『自分らしいな』とプラスに転換できてありがたかったよ」

と言われました。

「私が酵素風呂で微生物たちに癒された話ね♪」

酵素風呂は微生物様たちが魂を癒してくれるヒーリング効果があります。

ひろちゃんは、酵素風呂に入っているとき、南米での過去生を微生物たちに癒してもらいました。これは、思いがけず起きたヒーリングです。生贄《いけにえ》のときの苦しみや悲しみが浄化されたと感じました。

過去生に対して、「ありがとう、お疲れ様。大変だったね、よく頑張ったね」と思えました。この体験は私の中で、大事な経験として今に活かせるエネルギーに変化しました。そして、「生きる強さ」に変わりました。

その出来事を友人たちに話すと、こんなことを言ってくれました。

「ふ〜ん。でもね、何もなかった人生よりも良いと思わない？『順調に育って、結婚して、子育てして、年取って死ぬ』っていうのよりさ！」

過去生も今の人生も、「あれは忘れられない！」と嫌

だった、つらかったエネルギーが、体内、魂、パラレルワールドにも残っていることがあります。

↓

ヒーリングでその経験にプラス（癒し）のエネルギーを足すと、プラスマイナスゼロになります。

↓

魂にとって「大事な経験をした」というエネルギーに変化します。
何があってもへこたれない強さ、生き抜く強さ、元気を保つパワーに変化！
私たちは冒険を楽しみに生まれてきました。
なので、すべての体験を魂の肥やしにできます。

「何もなかったより冒険になった！　良かったよね♪」

パート
3

大城裕子の自己紹介・軌跡

大城裕子の自己紹介・軌跡①

「私はとても無口で内気です」

友人のミカチェンコさんは、こんなあだ名ですが日本人です。今はユーチューブやホームページの音楽を担当してくれています。彼女との出会いは10年前……

ひろちゃんが50歳のとき

「シロチ（ひろちゃんのあだ名。シロチェンコまたはシロチ）の出身はどこ？」

「東京だよ」

出会いから数年、少しずつ会話していく中で、私の生い立ちがだんだんミカチェンコさんに伝わりました。

・岐阜県の高山市で生まれる。
・父の故郷である横浜市金沢八景で3歳まで育つ。
・そのあと父が東京で仕事をするため、家族で移住して以来、ずーっと杉並区で成長。半世紀暮らしている。

「あのね、はじめは東京出身て言ったよね。ふつうはもっと詳しく説明するものよ」

「そうなの!?　知らなかった」

「詳しく話すと話題が広がるでしょ。話のキャッチボールを楽しむのよ」

そうなの！？
知らなかった！
詳しく話すと
話題が広がるよ
ミカチェンコさん

私は話すのが苦手だから、最小限の口数で生きていくくせがついてるということに気がつきました。
そのあと、ミカチェンコさんに交流を楽しむ方法、親睦を深める方法を教わりました。今は心がけて、会話を楽しむようになりました。

「ヒーリングの仕事、大好き！　ずっと30年間続けられて、幸せです」

私は、昭和40年代当時では珍しく共働きの家庭で育ちました。会社に通勤する母の背中を見て、**「大人になったら、何か手に職をつけようっと♪」**と思いました。

「裕子は数学が好きだから、コンピュータのプログラマーだと論理的な思考を活かせてよ

いかな～？」とひろパパはアドバイスしてくれました。

短大で情報処理を専攻し勉強したあと、20歳から保険会社のシステム部で勤務しました。人見知り、世間知らずなことで会社の皆様にはだいぶご迷惑をおかけしました。（それでもクビにならない、昭和は良き時代でした）

「電話こわい～！」（当時はダイヤル式の黒電話）

「こら！　シロコ！（ひろちゃんのあだ名）　電話に出なさい！」

大城裕子の自己紹介・軌跡②

元号が「昭和」から「平成」になった時期。大型コンピュータバッチ処理から、パソコン、オンライン処理、データベース化へと時代が進歩しました。

システムエンジニア6年目あたりから、私は時代の進歩に頭がついていかなくなりました。

そして、大好きなコンピュータの仕事をやめることにしました。

友達の肩もみをすると「うまい！」と評判が良かったので、システムエンジニアの次は「マッサー

ジ師」を目指すことに決めました。

指圧を広めたことで有名な「浪越徳次郎《なみこしとくじろう》」先生の学校の夜間部で3年間学び、国家資格を取得しました。指圧学校の1年生の途中で会社を退職しました。

会社を退職したあと、鍼灸師の治療院に弟子入りして、昼は見習い、夜は指圧学校に通いました。

人間の体について勉強するのがとても楽しかったです。


「なるほど！　私の体はこんなしくみになっているのね♪」

「慰安的な指圧師ではなく『治療師』になりなさい！」

「はい！　治療院に弟子入りして、たくさん学びます！」


弟子入りというのは、無給で働くということでしたが、お金を節約して（おかげでダイエットにもなった！）何とかなりました。その治療院では親切にご指導いただけました。

「ほら、手を近づけたり離したりすると、もわっとしたり、じりじりするだろ！　感じてみろ！」

その治療院の院長はエネルギー療法を研究していました。なので、私も一緒にエネルギー療法について研究しました。

これが「**ヒーリング**」という魂の治療方法に発展しました。

もわっとしたり
じりじりしたり……
手で感じなさい！

大城裕子の自己紹介・軌跡③

「反抗期の息子が家で暴れて困って、もう疲れました……」

「じゃあ、遠隔で息子さんの治療をするね」

治療院での遠隔ヒーリング中、院長は両手の間にヒーリングする方のエネルギー体を呼んで、話しかけたり、エネルギー療法をしていたそうです。

患者さんからは次の日感謝の電話をいただきました。

「息子が穏やかになって、話し合いができました。ほっとしました。ありがとうございました」と。

「？？？　よくわかんないけど、治ったらしい……」

遠隔ヒーリングでも治療できることがわかり、私も練習しました。

ある日、骨と皮しかないようなやせ型のおじいさんが来院され、院長が鍼治療するのを見ていると……

院長は、おじいさんの肩甲骨に直接鍼をしてるように見えました。院長が鍼をすると、そのおじいさんからふわ〜っと湯気のようなエネルギーが抜けていくのが見えました。

肩が楽になって、とても喜んだおじいさん。

私に「すごいよね院長は。あなたも立派な治療師にな

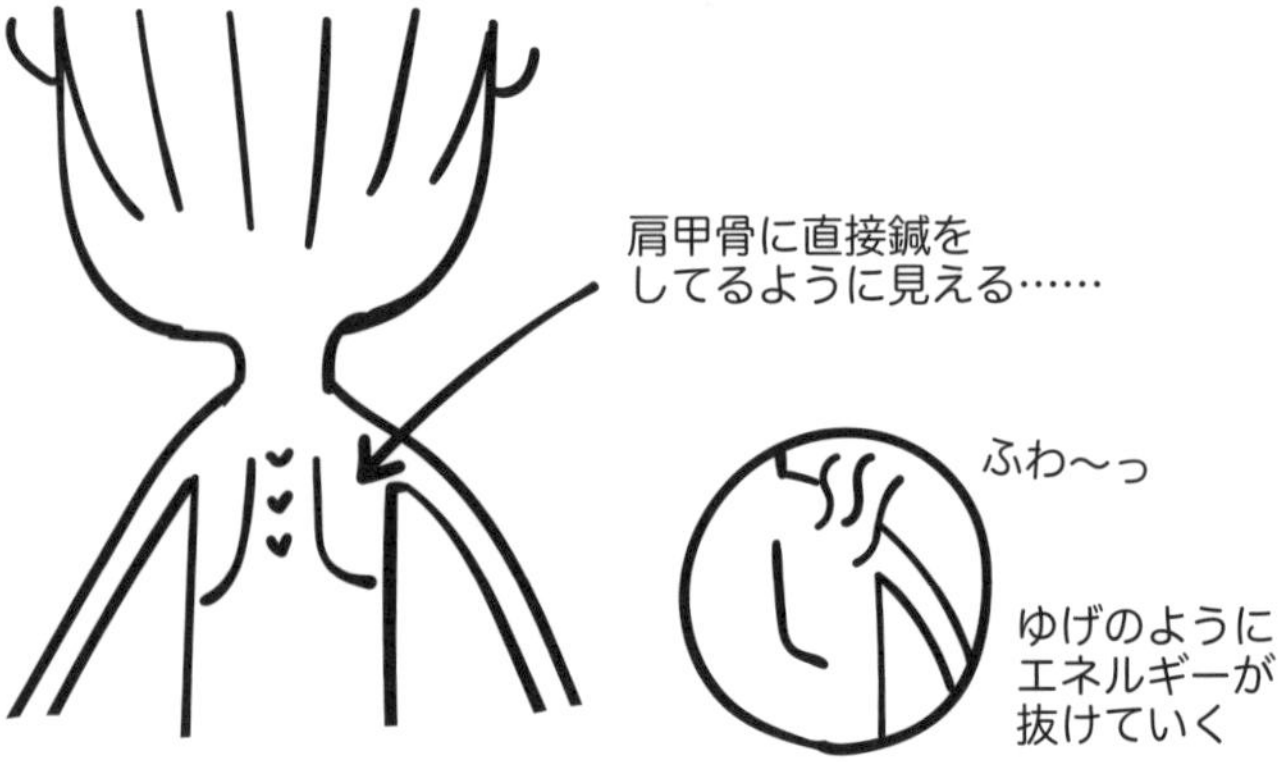

肩甲骨に直接鍼を
してるように見える……
ふわ〜っ
ゆげのように
エネルギーが
抜けていく

りなさい」と励ましてくださいました。

「骨に痛覚（痛みを感じる器官）はついてない。骨を包む膜（この膜には痛覚がある）を刺激して疲れやストレスのエネルギーを抜くことで痛みがとれる！」

私は、この治療を「骨膜ヒーリング」と名付けて研究しました。

魂のこだわりは茶渋のように骨膜についてます。骨膜を刺激しながらヒーリングすると、そのこだわりのエネルギーを抜くことができる！

これはなかなか生き方を変えられないで苦しむ魂たちに、とても有効な治療方法となりました。

誰にでもできるようにユーチューブの映像を制作しましたので、ぜひご活用ください♪（198ページ）

大城裕子の自己紹介・軌跡④

院長は日常生活を送りながら仏道を歩む在家得度でした。当時30代前半の私も、院長と高野山出身のお坊さんのところに修行に通いました。

★毎朝、自宅での修行　60分ご真言を唱え続けます。

108つの玉があるお数珠を持ち、1つあたり1回ずつご真言を唱えて、1周で100回唱えます（指で玉を繰りながら1周）。

1周唱えるごとに、ノートに「正」の字を書いていきます（5周＝500回唱えた記録になります）。

1時間で「正」の字10個以上（＝5000回以上）を目標にして「無心」「深い瞑想状態」に慣れていきます。

★月に一度、朝のお勤めに参加します。

管長が私の修行具合を霊視してアドバイスをくれました。

「薄日がさしてきている、光を受け取りなさい」

3年くらい修行を続けたら、「無心」の状態が普通になって、頭の中でごちゃごちゃ考えなくなりました。「し〜ん」と静かな脳は生きるのが楽です。

「頭の中でおしゃべりがない」状態は、生きることが本当に楽になります。

これも簡単にできる瞑想映像を制作しユーチューブに載せていますので、ぜひご活用ください。（199ページ）

★3年くらい修行をしたころ、管長がアチューメントをしてくれました。

アチューメントとは、エネルギーを使えるようにすることです。頭上から温かい、まばゆい光の洪水が体内に入力された感覚でした。アチューメントをしてもらってから、私は宇宙の密教エネルギーが使えるようになったらしいです。

それ以外に、滝修行や断食なども体験しました。お寺に参拝や相談にくる人たちの加持祈祷をさせてもらう係にもなりました。

ありがたい経験が積めました。

その後、この寺とのご縁はなぜか急に終わりました。

大城裕子の自己紹介・軌跡⑤

院長のエネルギー療法についての研究は続き、超能力者を招いて、治療院での勉強会が始まりました。超能力、霊能力など、潜在能力を開発して治療に使うのが目的で、その訓練が数年続きました。

修行は真面目な職人気質の私には合っていました。

「超能力治療」に興味のある患者さんも７人ほどお誘いして、超能力者Ｋ先生の講義と実技訓練が毎週ありました。Ｋ先生はそれぞれに合う指導霊を降ろしました。

降ろしてもらった自分の指導霊とコミュニケーションを

とる霊能力を訓練して、できるようになりました。

指導霊の指示は的確で、治療効果は絶大でした。


しかしある日、K先生の奥様から「夫が原因不明で亡くなりました」と連絡が入りました。やたら霊能力がついてしまった私は、途方にくれてしまいます。ほかに指導してくれる超能力者も見つかりませんでした。


それ以降、だんだんと私の指導霊の指示がおかしくなりました。

指導霊に全託していた私は、指示通りに仕事を辞め、自宅に引きこもり、誰とも連絡をとらなくなりました。

それから、たくさんの霊障が起こりました。

引きこもってしまった私を心配した母が、様子を見に、泊りにきてくれました。

「母を心配させるので、あなたとの縁は終わりにします！」

指導霊との縁を切り、使えるようになった潜在能力を封印して、私はもとの治療院に再就職しました。

「自分の人生の主人公は自分でなければ！」という学びになりました。甘えん坊を卒業できたと思います。

「霊障」とは、西洋医学的に言うと「精神病」のようなものだとわかりました。

その後、経験を積み重ね、わかったことをより多くの方に知ってもらいたいという思いが強くなりました。

人間は、見えない世界のいたずらやエネルギーの影響を受けて、知らないうちに翻弄されています。それは、どの

あ、そう
じゃあね～
母を心配させるので
もうあなたとの縁は終わり！

人にも多かれ少なかれ起きているできごとなのです。

そのからくりをみんなも知ったほうが生きやすくなると考え、今までの経験を文章にまとめ、本を出すことに決めました。（「ヒーリング健康法」見えない世界とのつきあい方、文芸社）恥ずかしかったのでペンネーム（吉村恵美）で出版しました。

大城裕子の自己紹介・軌跡⑥

35～40歳くらいのときに、「心の治療ができるようになりたい！」と思い、勉強をしました。

整体の学校やカイロプラクティックの学校に行き、たくさんのことを学んで卒業しました。体の治療については院長代理もできるようになり、患者さん方に信頼していただけました。

社会人になりたてのころ、精神病院に入院中の友達のお見舞いに行きました。まだ「心療内科」はない時代です。入院中の人たちを見て、「この人たちをいっぺんに治せるような魔法使いになりたい！」と強く願ったことを思い出しました。

初めに、臨床心理士さんのカウンセリングに通いました。
「とっても人見知り」「恐がり」「不安でいっぱいになる」「恋愛の悩み」「極端な内気」など、こういった自分の悩みをまずはなんとかしたいと思ったからです。

そのカウンセリングは「傾聴」が主体で、親身に愛情を持って話を聞いてもらったので心が楽になりました。
「カウンセリングとはアドバイスをもらえるのではなく、私が何かを気づくまで、私の話を傾聴してくれるもの」だということがわかりました。

カウンセリングに通ったあと、臨床心理学に興味を持ち、臨床心理が学べるカウンセラー養成学校に通いました。その学校は精神科医が主催で、西洋医学での心の病

気の基礎や療法を詳しく勉強できました。実習の「傾聴」では、「傾聴しながら本人が気づきやすいあいづちをする」という、プロの技術を学びました。

そのとき私は、今までずっと「不安」の周波数を使って生きてきたことに気づきました。学校で学ぶうちに、「不安テレビ局」の看板女優を卒業して、「ニュートラルな周波数」を使って生きることがだんだん上手になりました。

生きることが苦痛↓「めちゃくちゃ楽♪」に変化することができました。

無意識に使っている周波数が苦しみの元！
使う周波数を変えれば、生きることがめちゃくちゃ楽になる！
これを患者の皆さんにお伝えしていこう！

こうして、私の心理療法ができあがりました。

大城裕子の自己紹介・軌跡⑦

「ヒーリングを勉強しよう！」
（また勉強？　もういいよ……）

40歳になったころ、超能力開発の指導者が亡くなり、エネルギーに敏感過ぎる生きづらさをなかなか解決できずに困っていました。

どこまでも前向きな院長と、あるヒーリングサロンに通いました。

トップのヒーラーのパワーがすごすぎて、気持ちよくて至福感に酔った感覚になるヒーリングでした。

ヒーリングを
勉強しよう！
また勉強？
もういいよ……

これが宇宙愛！　しっかり体感しました。

それは、人間愛とはまったく違うものでした。

人格と宇宙愛は比例しないことがわかりました。

「宇宙はすべてを祝福している！」

魂が高い人格を楽しもうと低い人格を楽しもうと、「楽しんでね」と宇宙は祝福しています。


そのヒーリングサロンのトップのヒーラーから誘っていただき、私はそのサロンに転職しました。

指圧の仕事のほかに、クライアントさんのインストラクターを担当しました。かなり口下手で人見知りの私には、困難な修行でした。仕事が終わると、ぐったりして、毎日のようにマッサージを受けに通いました。

結局そのヒーリングサロンは8カ月でギブアップして辞めました。

今になってみると、この8カ月でヒーリングの仕事に必要なことを一通り学べたのです。インストラクターとしての接し方、呼吸法、ヒーリングの仕方、エネルギーワーク、アチューメントなどを説明しながら、クライアントさんがヒーラーになるお手伝いもしていました。

そのヒーリングサロンも、それ以前に14年修行した治療院も、今は存在しません。エネルギーを扱う仕事は危険なこと、ありえない事件などが起こりやすいです。2か所の繁栄↓滅亡を外から見ていて、大事な学びになりました。

大城裕子の自己紹介・軌跡⑧

ヒーリングサロンを辞めたあと、私は歩合制で指圧の仕事をすることにしました。新しくお勤めした治療院で人にも仕事にも恵まれ、幸せに働きました。

その治療院で1年ほど勤めたころ、私が勤めていたヒーリングサロンのセッションにそこの院長が通い始めました。そのころから、何かが変わりました。

女性の院長は私に冷たくなり、ある日、

「**おわかりでしょうけど、あと1週間で辞めてね**」

と突然リストラ宣告をされました。

おわかりでしょうけど
あと１週間で辞めてね
えぇ〜っ！？

「え〜どうして!?」

理由は聞けませんでした。

あとでわかったことですが、その院長もチャネリング能力のある方だったので、当然私もチャネリングでわかっているとと思ったようです。

私はヒーリングに必要最低限の情報くらいしかチャネリングできません。突然のことにびっくりして泣いていたら、同僚の指圧師たちが心配してくれました。

「なんでリストラ？」

「み、みんなで寿司を食べよう」

休憩室で送別会を開いてもらい、私は泣きながらお寿司

をたくさんごちそうになりました。

もぐもぐしながら、でも泣きながら、

「もう人に使われるのはいやだな。自分で治療院をやろう」と開業を決めました。

その夜、どんな治療院をつくりたいか、紙に書き出しました。

何よりも一番の条件は「自分の働きやすい場所」ということでした。

・リラックスして働けるところ
・静かなところ
・30分くらいで通勤できるところ

そのイメージができる駅が、東京都武蔵野市にあるJR武蔵境《むさしさかい》駅でした。

自分で治療院をやろう
モグモグ
両手にお寿司

貸店舗をネットで検索して、次の日物件や町を見学して、契約しました。

年末のリストラ宣告から3ヶ月弱経った、2006年3月3日、開業しました。なぜこの日に開業を決めたかというと、この日が大安だったからです。

それから17年、はほごころ治療院の近所の皆様、大家さん、患者さん方に支えていただきながら今まで働いてきました。奇跡のようです。本当にありがとうございます！

大城裕子の自己紹介・軌跡⑨

開業した「ははごころ指圧治療院」は、ありがたいことに軌道に乗り、毎日元気に働いていました。

ある日、空を見上げると、パカーン！　と空の巨大なカーテンが開いたようなビジョンが浮かびました。

そして、大勢の宇宙の友達とご対面しました。

「**やっと直接会えましたね！**」

挨拶のエネルギーメッセージが私に降り注ぎました。

駅前の人ごみの中で、私はわんわん泣いてしまいました。

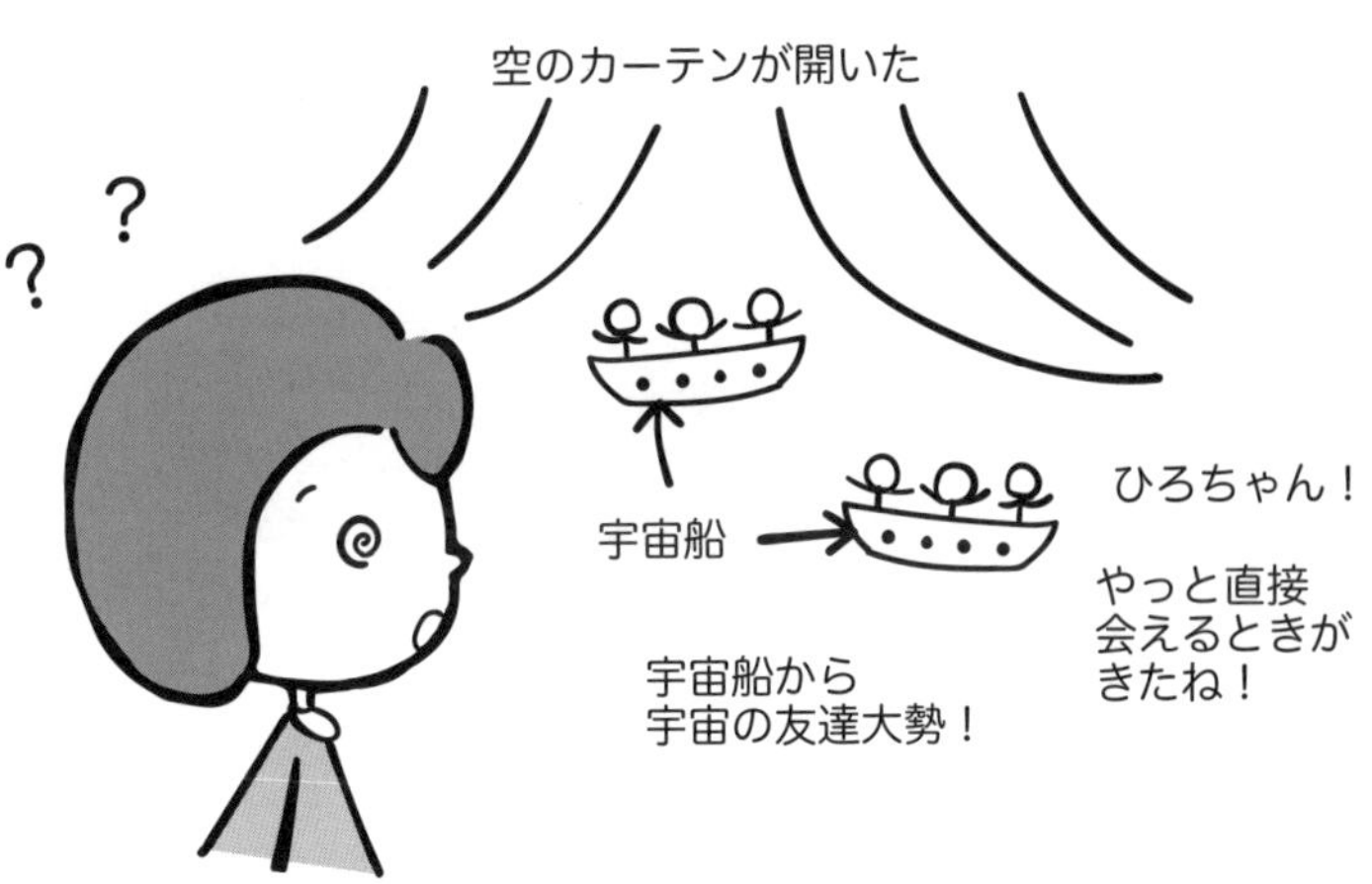
空のカーテンが開いた
宇宙船
ひろちゃん！
やっと直接
会えるときが
きたね！
宇宙船から
宇宙の友達大勢！

ハートがあたたかくなり、感動でいっぱいでした。
それから、必要なインスピレーションが湧きやすくなりました。

宇宙にも友達はたくさんいて、サポートしてくれているのがわかりました。
皆さんにも、実は宇宙のサポーターがたくさんいます。ですが、気づかないほうが安全だから、カーテンは閉まっています。

私はカーテンを開けてもらうことで「生きる強さ」が増しました。
たぶん、生まれる前に「ここまで成長したら、カーテンを開けてね」と約束して楽しみにしていたのでしょう。

この体験は、魂を癒す仕事をするうえで自信につながりました。

「何があっても大丈夫！　なんとかなるよ！」と患者さんのどんな悩みにも対応できるようになりました。

それからヒーリングをメインにしようと思い、「指圧」の文字をとって、「ははごころ治療院」に治療院名を変えました。「心と魂を癒す治療院」としての、再スタートです。

開業してから17年経ちましたが、あと100年続けたい！

毎日喜々として働いています。

クンダリーニ昇華ってなあに？

クンダリーニとは尾骨にある生命エネルギーのこと。これが背骨を上昇して天までつながるのが「昇華《しょうか》」です。皆さんの本当のパワー（超能力など）が発揮できちゃう、「覚醒」が起きます。

クンダリーニは遥か昔、地球上の人たちが使えていたパワーです。ですが、そのパワーで悪いことをする人たちがいたので、結局大陸ごと沈んでしまったそうです。

私たち全員の集合意識体である宇宙意識としては、尾骨内にクンダリーニエネルギーを封印して、３次元でイキイキ暮らすのに必要なエネルギーだけを発動するようになったらしいです。

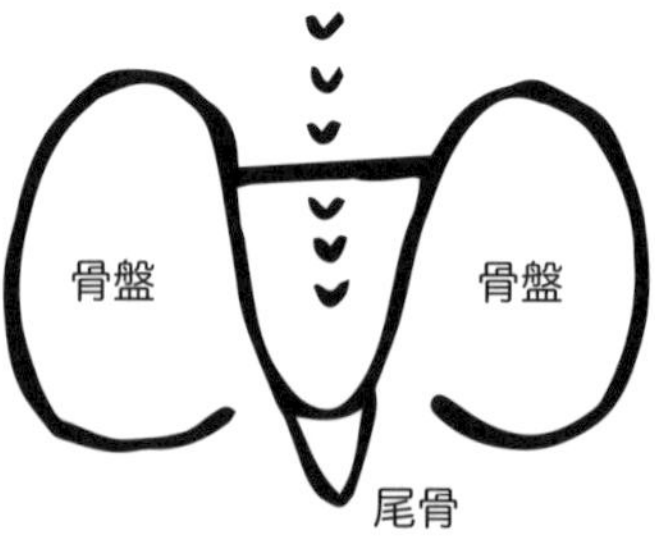

クンダリーニ昇華して「覚醒」すると……

ネットではクンダリーニ昇華して覚醒すると、「すべてを悟る」「愛そのものになる」「価値観・世界観がまったく変わる」「至福感で満たされる」などと書いてあります。

ひろちゃんの場合は、41歳のとき、覚醒者がごろごろいるヒーリングサロンにお勤めしている頃でした。

先輩の指導で訓練をしていたら、ある日不思議な感覚になり、ボーっとしていました。

ヒーリングの先生からは、「ひろちゃん昇華しちゃったね♪」と言われました。

先生には、私の頭頂が開いて、みかんの皮をむいたように頭の皮がめくれて、ひっくり返ってるビジョンが見えたそうです。

一番の感覚は「オーガズム（性的な緊張から突然解放されること）」。全身の細胞一つひとつが勝手に「あ〜ん♪」と声を出していました。しかもそれが数日続いたのです。

「これが本質の感覚だ！」と悟りました。確かに「歓喜しかない！　これが私たち！」です。

クンダリーニ覚醒「愛そのものになる」

《覚醒前》

クンダリーニ昇華して覚醒したら愛そのものになるって……
マザーテレサみたいな？　マリア様みたいな？

《覚醒》

宇宙と一体化した感覚、宇宙そのものになった感覚が生まれた。

《覚醒後》

すべての存在は自分の中にある。
宇宙愛とは「存在を認めること」だということに気づいた。

宇宙＝一人ひとり

すべてを含む自分を認めて、存在していることを楽しむことができます。

人間の考える「愛」とはまったく違います！

宇宙
＝
一人ひとり

クンダリーニ覚醒「存在意義」「起きる出来事の意義」

《覚醒前》

私がそれまでにあちこちで習ったのは、「それぞれ使命があって存在している」「起きることには必ず意味がある」ということ。

《覚醒》

138億年前、宇宙はビッグバンから始まった。
宇宙意識が、「3次元から自分を見たい、知りたい」と思った。

《覚醒後》

宇宙意識の思いが実現して、３次元ができた。
宇宙が「個体」を楽しんでいる。それだけ！

存在意義＝「楽しんでる！」

起きる出来事に意味はありません！

存在意義
＝
「楽しんでる！」

クンダリーニ覚醒「六道輪廻」

《覚醒前》

宇宙の真理を知りたくて、20代～30代は勉強や修行をいっぱいした。
仏教で六道輪廻も学んだ。

六道輪廻とは…人間は修行して天上界に行くことを目指し転生を繰り返している。
（もう生まれて苦労しなくて良くなる）
【六道】…天上界、人間界、修羅界、畜生界、餓鬼界、地獄界

《覚醒》

この世界には、「善」も「悪」もない！

この世界は般若心経（仏教の教えを３００文字程度にしたお経）の内容そのものだった！

《覚醒後》

どの世界を楽しんでてもＯＫ！
人格の高い生き方もＯＫ！　魂に上下はない！
人格の低い生き方もＯＫ！　未熟な魂はない！

なんでもあり！

「でもこれ、みんなが知っていいの？　黙っていたほうが良いかも……」

魂に上下はない
未熟な魂はない

クンダリーニ覚醒
「どの肉体を選んで生まれても良い」

《覚醒前》

「魂は植物や動物に生まれて経験を積み、魂が成長したら万物の霊長（霊妙で不思議な力を持つ万物の頭《かしら》）である人間に生まれてさらに成長するべく努力する」と習ってきた。

地球は修行の場だということも教わった。

《覚醒》

いろんな転生を思い出した。

「人間」の人生のあと、エゴをなくしたくて「犬」に生まれたとか、飛びたくて

「鳥」になったとか、無心になりたくて「石」になったとか……(たぶん虫もやってみたし、花もやってみた)

《覚醒後》

何に生まれて楽しむかは、自分で決められる！

霊性が低いから畜生に生まれるわけじゃない。

そもそも霊性が高いとか、低いとか、そういうのは動物や植物に失礼な思想なんです。

人間が「想像」すると宇宙に「創造」しちゃう

《覚醒前》

「過去生で何か悪いおこないをしたとか、そういう『悪いカルマ』ってあるらしい。今、つらいことが起きて『カルマが解消できる』。だからつらいこと、苦しいことがあっても乗り越えよう」と教わっていた。

《覚醒》

奴隷制度や病気など、人間の四苦八苦を納得したくて、誰かが「悪いカルマ」を考えつき「想像」した。

すると、宇宙に「四苦八苦は悪いカルマ解消のためにある」という波動のエリアができた。つまり、カルマの思想エリアを

「創造」した。

このエリアをチャネラーがチャネリングして、みんなにも伝えた。

つらいことや苦しいことが起こる理由がわかり、みんなは「そうなんだ。しょうがない。我慢しよう」と納得することができた。

《覚醒後》

人間がイメージすることで、もともと宇宙になかった波動が、クリエイトされたんだ！

「想像」が「創造」しちゃう！

「想像」が
「創造」しちゃう！

だから「次元上昇」も人間が創造した波動エリア

「次元上昇」も、人間が創造した波動エリアなんです！

だって！

すべての次元は、もともと宇宙意識が個体で活動できる3次元から自分を眺めたくてできた世界なんです。マトリョーシカみたいにすべては合体していて「今」を味わい、楽しんでいます。

私たちの一番深いところの意識は「宇宙」だと、心理学では言われています。

バラバラじゃないんです！　すべての次元にあなたはもともといます。

「ハイヤーセルフ様（高い次元の塊）」じゃなくて、あなた自身、あなた本人です。

別々ではないのです。

霊性って？

スピリチュアル界ではよく聞く「霊性を高めて次元を上げよう」というのは、本質とは違います。性質の違いがあるのです。

いろんな性質の光（エネルギー）はビッグバンによってできました。光はそれぞれ、すべての性質を持っていて、特有の性質もあります。全色そろったクレヨンを持っていて、さらに赤色だけ数本多いとか、黄色だけ数本多いとか、そういうイメージです。

大まかに分類すると、血液型みたいに4つの型があります。地上に生まれると、その特有の性質がクローズアップされるのです。

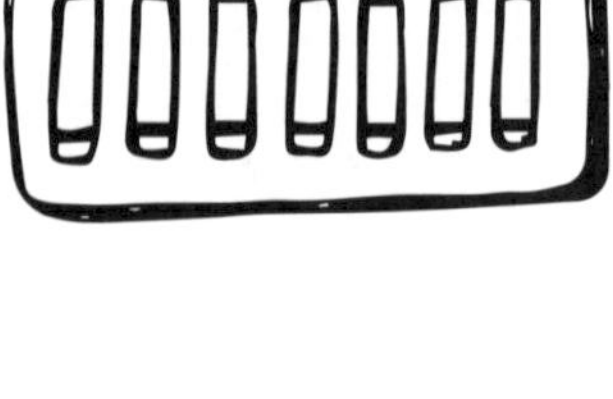

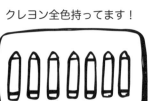

霊性　4つの型

前にもお話ししたとおり、霊性はパイオニア型、ヒーロー型、エンジェル型、ナース型の4つの型があります。混合型も多いです。

エネルギー的にはしめじみたいにつながっていて、それぞれの特性を活かしながら宇宙を運営しています。

ちなみにひろちゃんは、「ナース×エンジェル型」です。

4つの型についてはパート1で詳しく説明していますので、そちらをご覧ください。

コラム「しめじの歌」

いつも不安な気持ちのまま大人になった私。たくさんのことと出会い、たくさんのことを学んで、今は生きることが嬉しくて、「何があってもへっちゃら♪」になりました。

この素晴らしい人生を、私は歌にしてみました。

「しめじの歌」作詞・作曲　おおしろひろこ

1．子供の頃　ずっと心細かった
空ばかり見て「神様、生きるってどうするの？」
普通の家庭だったし　両親は大切に育ててくれた
でも、友達の作り方がわからなかった
クラスメートに話しかけられなくて　寂しかった
☆今はすごくわかった！
　今はすごくすごくわかった！
　僕たちはしめじ　ばらばらじゃない
　みんなで生きてるよ　味わってる
　地球ばんざい　宇宙ばんざあい！

２．あちこち訪ねて歩いた　「生きるってなあに？」
「幸せってなあに？」
修行してみた　学んでみた　でもわからなかった
ある日突然感じた！
僕は宇宙そのものだって全身で感じた！
「もともと幸せな光だ」って　全身で感じた！
みんなも宇宙そのもの「幸せな光だ」ってわかった!
それからずっとハッピーハッピーが集まって
宇宙はできてる　今はすごくわかった！
☆くりかえし

３．それから友達をつくれるようになった
一緒に遊んだり一緒に悩んだりできるようになった
もともと一つのしめじ　いかにもばらばらに
遊んでいるように見えるけどもともと一つのしめじ
体で感じたから疑いようがないよ
一瞬で腑に落ちたんだ！　今はすごくわかった！
☆くりかえし
地球ばんざい　宇宙ばんざあい！

YouTube
「しめじの歌」

パート

4

スピ目線で生きるエクササイズ

スピリチュアル目線でできるエクサイズをやってみましょう！

ここからは、スピリチュアル目線で生きるための、簡単にできるエクササイズをまとめてみました。

意識してエクササイズをおこなうことで、今の状況がだんだんと変化して、生きづらいと感じることが改善されたり、笑顔が増えてのびのびと毎日を生きることができるようになります。

今ほしいもの、足りないエネルギーなど、ご自身の状況を踏まえてやってみてくださいね。

パワーが欲しいとき

今、あなたが「パワーが足りないな」と感じたとき、ぜひ実践してみてください。身体の中から湧き上がるパワーが感じられると思います。

・パート1の「生命エネルギーを3分で満たすセルフヒーリング（85ページ）」をやってみてください。
・ユーチューブに「パワーちょうだいのとき」の動画を載せています。その動画を眺めていると、あなたにパワーがチャージされます。

パワー
ちょうだいのとき

チャクラを活性化して潜在能力を発揮したいとき

7つのチャクラを活性化して、潜在能力を発揮できれば日常をもっとイキイキと過ごすことができます！

・パート1のそれぞれのチャクラの開き方で紹介したハミングをやってみてください。

・ユーチューブ「ははハミングヒーリング」でハミングのやり方をご紹介しています。その動画を見ながら一緒にやってみてください。

【セルフヒーリング】
ははハミングヒーリング①
第1〜第3チャクラ

【セルフヒーリング】
ははハミングヒーリング②
第4チャクラ

【セルフヒーリング】
ははハミングヒーリング③
のどのチャクラ

【セルフヒーリング】
ははハミングヒーリング④
宇宙のあなたの
パワーを使おう

【セルフヒーリング】
ははハミングヒーリング⑤
地球全体をヒーリングしよう

こだわりを捨てたいとき

こだわりを捨てると、あなた本来の姿を取り戻し、輝くことができます。

・ユーチューブ「骨膜ヒーリング（イメージトレーニング、肩から上、肩から下）」の動画を見ながら実践してみてください。

・活性化した各チャクラのエネルギーをメロディーにした曲と呼吸法をやってみてください。日常のＢＧＭとして聴いていただくのもおすすめです。ユーチューブ「瞑想カフェ　千のメロディ」または「https://chakrahealing.mystrikingly.com」で検索してください。（作曲・誘導：松浦美佳／解説文：大城裕子）

骨膜ヒーリング
イメージトレーニング

骨膜ヒーリング
肩から上

骨膜ヒーリング
肩から下

宇宙である自分を思い出したいとき

ヒーリングをして、宇宙と地球とあなたが一緒になっている感覚を味わってみましょう。

・ユーチューブ「宇宙のほんとについて」で宇宙の仕組みについてお話ししていますので見てみてください。
・瞑想をしてみてください。ユーチューブ「丹田と中心軸をつくる瞑想」で詳しいやり方をご紹介しています。
・ボイスヒーリングをしてみてください。ユーチューブ「ボイスヒーリング」でやり方をご紹介しています。

宇宙のほんとについて

丹田と中心軸をつくる瞑想

ボイスヒーリング

明るい未来をつくりたいとき

あなたが今、未来について不安を抱えているのであれば、ぜひ明るい未来を創るためのヒーリングをやってみてください。

・ユーチューブ「未来をつくるこつ」で明るい未来をつくるための方法についてお話ししています。ぜひご覧ください。

未来をつくるこつ

クンダリーニ昇華したいとき

・クンダリーニ昇華については、この本のパート3で詳しくご説明しています。クンダリーニ昇華の仕組みや、覚醒するとどうなるか、ひろちゃんの体験談も交えてお話ししていますので読んでみてください。

困ったとき（体調不良など）

更年期の影響や花粉症、日常の目の疲れや肩こりなど、体調不良で悩んでいることがある場合、ユーチューブにヒーリング動画を載せていますので、あなたのお悩みにあった動画を見てみてください。

【ヒーリング】
更年期対策

【ヒーリング】
電磁波の影響を
チャラにしよう！

【ヒーリング】
観るだけ聴くだけ
ダイエット

【ヒーリング】
花粉症対策

【ヒーリング】
脳の若返り

【ヒーリング】
内臓の疲労回復

【ヒーリング】
頭が痛いとき

【ヒーリング】
便秘の治療

【ヒーリング】
目の疲れ

【ヒーリング】
PMS
（月経前症候群）

【ヒーリング】
コロナ対策

【ヒーリング】
首肩ほぐそう♪

【ヒーリング】
指圧してほしいとき

【ヒーリング】
寝つきがよくなる

【ヒーリング】
頭が疲れたとき

困ったとき（心の問題）

生きていてつらいと感じることや、苦しいと思うことがあるかもしれません。そんな心の問題に効くヒーリング動画をユーチューブに載せています。まずはこの動画で魂を癒してあげてください。

【ヒーリング】
毒親からの脱出

【ヒーリング】
変化を楽しもう

【ヒーリング】
カーっとなったとき

【ヒーリング】
買い物・ゲーム・スマホ
など・・・依存症の方

【ヒーリング】
笑いたいとき

【ヒーリング】
人の感情にのまれるとき

【ヒーリング】
嫉妬心

【ヒーリング】
心の安定

【ヒーリング】
緊張をほぐす

【ヒーリング】
共依存

【ヒーリング】
罪悪感にとらわれるとき

呼吸法を実践したいとき

呼吸法を実践すると、ヒーリングにつながります。あなたが疲れているとき、リラックスしたいとき、この呼吸法をやってみてください。

・ユーチューブ「【みんなで練習】丹田の呼吸法」を見ながら一緒にやってみてください。

・ユーチューブ「【みんなで練習】パイプの呼吸法」を見ながら一緒にやってみてください。

【みんなで練習】
パイプの呼吸法

【みんなで練習】
丹田の呼吸法

励ましてほしいとき

元気がなくて落ち込んでいるときは、これらのヒーリング動画を見てみてください。

・「新年の運気アップ！ヒーリング」
・「【ヒーリング】すべての女性にエール」
・「福はうち！皆さんにたくさんの福がありますように」
・「春はもうすぐ　月例会ヒーリング」
・「春満開 新年度スタートの月例会ヒーリング」
・「【ヒーリング】いつも一緒 あなたと地球と宇宙と」

春満開
新年度スタートの
月例会ヒーリング

福はうち！
皆さんにたくさんの
福がありますように

新年の運気アップ！
ヒーリング

【ヒーリング】
いつも一緒
あなたと地球と宇宙と

春はもうすぐ
月例会ヒーリング

【ヒーリング】
すべての女性にエール

癒されたいとき

日常生活で疲れてしまったり、悲しいことがあったときに癒される動画をユーチューブに載せています。ぜひ見てみてくださいね。

・「エネルギーのお風呂に浸かっての〜んびりしよう！」
・「【ヒーリング】宇宙からの祝福」
・「【ヒーリング】丹田で前進♪」
・「【ヒーリング】パワーチャージの方法」

【ヒーリング】パワーチャージの方法

【ヒーリング】丹田で前進♪

【ヒーリング】宇宙からの祝福

エネルギーのお風呂に浸かっての〜んびりしよう！

ヒーリングイベントの映像で癒されよう

ははごころ治療院では「しめじ交流会」というヒーリングイベントを開催しています。コンサートやイベント様子を見ながら一緒に癒されてくださいね。

・「しめじ交流会オフ会（ヒーリングコンサート）第１部」
・「しめじ交流会オフ会（ヒーリングコンサート）第２部」
・「しめじ交流会オフ会（ヒーリングコンサート）IMAGINE」
・「【ブラシメジ】エネルギーチャージの旅　白神山地編」

しめじ交流会オフ会
(ヒーリングコンサート)
第１部

しめじ交流会オフ会
(ヒーリングコンサート)
第２部

しめじ交流会オフ会
(ヒーリングコンサート)
IMAGINE

【ブラシメジ】
エネルギーチャージの旅
白神山地編

付録　大城裕子の手の写真

最後に大城裕子の手のひらの写真を載せておきます。
写真からヒーリングエネルギーが出ますので、ぜひご活用ください。

例えば……

・体のつらいところにあてる（肩、腰など）
・パワーを入れたいアクセサリーなどの下に置く
・心配事などを書いた紙の上に乗せる
・あなたの手のひらを、この手のひらの写真と合わせる
・広げて置いておくことで部屋の浄化になる

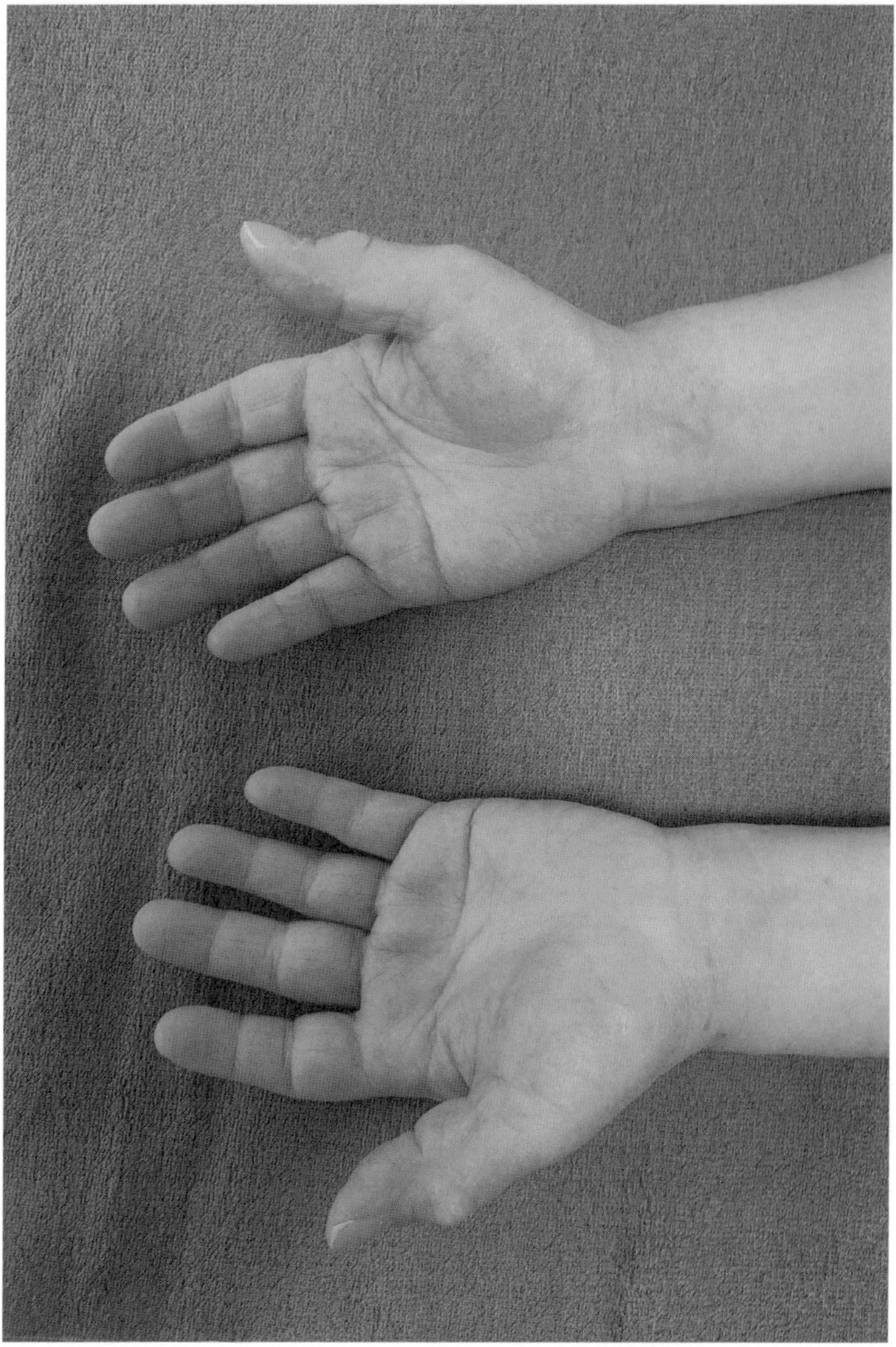

あとがき

目に見えないエネルギーの世界。

「すべてはエネルギーでできている」

それを実感して日々働いています。


エネルギーの使い方を知り、エネルギー体としてのあなたを自覚すると、生きることを気楽にハッピーにできます。


あなたの本質は「歓喜」そのものです。

それを体感できるように、この本のエクササイズをご利用ください。

きっと腑に落ちます。

カバーにある「しめじ」のイラストは、エネルギー体としての私たちを「しめじ」に例えて描いてもらったものです。

私たちは「しめじ」……存在している全員でつながり、宇宙の運営を楽しんでいます。

あなたと地球と宇宙と、いつも一緒にすべてを感じています。イラストからも溢れる「へっちゃらパワー」を受け取ってください。

たくさんの方々のご指導でここまで歩むことができました。

すべてに感謝しかありません。

天と地とすべての存在に感謝と畏敬の思いを贈ります。

2023年4月　大城裕子

著者プロフィール

大城 裕子（おおしろ ひろこ）

1962年、岐阜県高山市生まれ。3歳から東京で暮らす。産業能率短期大学で情報処理を専攻し、卒業。プログラマー、システムエンジニアとして7年間働く。

その後、人と直接関わる仕事をするため、日本指圧専門学校を卒業して「あん摩マッサージ指圧師」の国家資格を取得。治療院に14年間勤務し、その間にカイロプラクティック、整体、カウンセリング、気功、ヒーリング、エネルギー療法を学ぶ。

また、チャネリング、霊能力、超能力などの使い方を伝授され、能力開発もした。クンダリーニ昇華を数回体験したことで、宇宙の本質に目覚める。

平成18年にはごころ治療院を開業。心と魂をケアする施術で成果を上げている。

全日本整体師会会員、日本整体学会会員。

カバーイラスト：emi tanaji

生《い》きることがへっちゃらになるスピリチュアル

2023年9月1日　初版第1刷発行
著　者　大城裕子
発行者　友村太郎
発行所　知道出版
〒101-0051 東京都千代田区神田神保町 1-11-2
天下一第二ビル 3F
TEL 03-5282-3185　FAX 03-5282-3186
http://www.chido.co.jp
印　刷　ルナテック

ⓒ Hiroko Oshiro 2023 Printed in Japan
乱丁落丁本はお取り替えいたします
ISBN978-4-88664-358-2